U0666570

金桥法律实务系列

破产办案手记

广东金桥百信律师事务所 ◎编著

刘浩根 ◎著

POCHAN BAN'AN SHOUJI

中国法治出版社
CHINA LEGAL PUBLISHING HOUSE

序　言

　　2020 年，房地产行业在历经三十年爆发式增长后，也开始面临转折。2020年 8 月，央行和住建部等部门联合出台"三道红线"政策，对房地产企业的负债规模和融资进行严格限制，旨在防范房地产金融风险，促进房地产市场的平稳健康发展。2021 年，房地产贷款集中度管理制度实施，对银行房地产贷款占比和个人住房贷款占比设定上限，进一步收紧房地产企业的融资渠道，引导银行资金合理流向实体经济。中小房地产开发企业，甚至头部企业，此后频频暴露出自身问题。虽然 2022 年后，因城施策力度加大，但房地产市场购房者的观望情绪却持续升温，市场信心不强，使房地产交易市场萎缩。作为一名"破人"（破产领域对破产管理人的戏称），感触最深的也是房地产行业。国家房住不炒政策一直延续，银行信贷措施收紧，各地限购限贷政策不断出台更新，陷入麻烦的不仅包括中小型房地产企业，也包括一些大型房地产企业和上市企业。

　　作为广东省一级管理人团队成员，本人近些年碰到的案件，也以房地产企业破产案件居多。无论是债务人咨询如何拯救企业，还是债权人咨询如何追讨债权，大多数都是因债务人企业资金链断裂、可处置资产被多轮查封，而陷入僵局。而作为民商事行为的最终救济途径，破产程序也成为当前可行的最主要法律手段。

　　本书其实是本团队办理某地区中小型房地产企业破产案件的工作手记，笔者作为管理人与负责人，在案件办理过程中对全部管理人事务和相关文件进行梳理、编辑成册。主要目的是提高团队的管理人执业水平，统筹效率，希望能借此复盘，反思管理人执业职务行为的问题，进行思考总结，并作为此后经办房地产企业破产案件的借鉴。

　　本书以团队经办该类房地产开发企业破产案件的时间轴为主线，以资产处置和债权梳理这两条轴线为辅线，随着破产进程的推进，以债权最大化和效率原则为核心原则，阐述了整个破产案件的过程。本书章节依照《企业破产法》① 规定的管理人履职行为，明确团队分工以及各时间节点工作内容的重要性；根据实务经验设定的时间轴主线，说明管理人各项工作的次序和重要性、急迫性，希望能对刚入行从事管理人业务的新人承办破产案件工作起到一定参考作用。

依照笔者团队十几年破产业务的从业经历，管理人团队需对破产领域执业保存着特定的敬畏之心，诚惶诚恐，依法履职。特别是在《民法典》实施，以及相关司法解释出台后，团队在担任管理人期间，需要更加认真、仔细地比对法律，更准确地适用法律。虽然案件的具体情况不同，但管理人履职涉及的工作内容流程大致一样，因此，房地产开发企业破产案件均可借鉴本书，特别是前三章的工作内容和流程，基本都是大多数破产案件将涉及的管理人工作。本书作为团队经办房地产开发破产企业的实务经验和办案心得，希望可作为管理人办理房地产企业破产案件的参考，因团队实务经验有限，欢迎各位积极提出不同意见，共谋众策，为破产管理人事业的推进添砖加瓦。

---

① 本书中，《中华人民共和国企业破产法》统一简称为《企业破产法》，全书其他法律法规采用同样的处理方式。

目　录

第一章　案件准备阶段

第一篇　讨论是否参与案件报名

2019 年 3 月，金桥破产清算团队经过重重关卡、考核和遴选，成为广东省一级管理人，我们喜悦的心情就和秋季丰收时的农民一样。"老将"们不断鼓励团队新成员，破产执业虽任重道远，但我们还是走上了专业的"康庄大道"。

团队之前一直在破产业务上前行，2019 年 2 月，其就通过竞选成功担任某案件管理人。该案件体量大，债权人多达 2000 多名，每个周末，团队成员都在加班，团队还有大量的僵尸企业出清案需要继续跟进处理。虽然案件数量较多，但大家仍然期待着办理成为一级管理人后的第一个案件。

根据广东省高级人民法院印发的《关于规范企业破产案件管理人选任与监督工作的若干意见》第七条的规定，符合以下条件之一的，应作为重大破产案件，由一级管理人办理：

（一）商业银行、证券公司、保险公司等金融机构及上市公司破产案件；

（二）债务人财产价值或破产债务 5 亿元以上的破产案件；

（三）普通债权人人数 200 人以上或普通债权人和劳动债权人共计 500 人以上的破产案件；

（四）债务人财产分散，在全国、全省范围内有较大社会影响的破产案件；

（五）人民法院认为属于重大破产案件的其他案件。

根据规定，作为一级管理人，我们的案源主要可由以下四种方式获得：

1. 随机摇珠，20 名一级管理人为一轮次，按报名情况随机摇取，未摇取的在本轮继续轮候；若无人报名，在本轮轮候名单中随机摇取。

2. 竞争选取，根据案件需要和团队竞争能力进行遴选。

3. 在清算组为管理人中担任中介机构，一般也需要竞争遴选。

4. 协商指定，债务人和主要债权人协商一致选择符合规定的机构担任管理人。

从事破产业务的团队情况均有所不同，有的是公司化运作，有的团队是团队化运作。每个团队的成员、工作效率和能力都有差别，也都会有工作负荷上限。在这种情况下，不能每个案件都参与，特别是房地产开发企业破产案件极大可能存在较大的维稳压力，超负荷的工作量必将影响破产业务团队对案件的履职情况。因此，从事破产业务的团队成员应当在承接前对哪种案件适合承接，进行必要性分析。我们团队总结了一点小经验：在承接案件前，团队应当召开内部会议讨论，就案件信息、团队效能与案件的匹配程度，团队优势因素，案件工作内容专业分组，团队分工机制，以及设立固定案前小组，积极研讨并形成初步意见。这种案前会议讨论的方式，更有利于团队发挥最大的效能，也有利于案件的开展推进。本案件的案前处理，便是通过这种方式制订方案实施的。

2020 年 7 月，团队收到本案的管理人招募选任公告信息。

广东省肇庆市中级人民法院
关于肇庆市甲投资公司破产清算案选任管理人公告

（2020）粤 1203 破 1 号

根据《企业破产法》《最高人民法院关于审理企业破产案件指定管理人的规定》《广东省高级人民法院关于规范企业破产案件管理人选任与监督工作的若十意见》的规定，现就已受理的肇庆市甲投资公司破产清算案选定破产管理人事项公告如下：

一、本次自愿报名的破产管理人须为 2019 年度广东省破产管理人名册中的一级管理人。

二、请自愿参加摇珠的管理人根据本公告公示的债务人信息认真、全面、深入核查自身是否存在《企业破产法》第二十四条第三款、《最高人民法院关于审理企业破产案件指定管理人的规定》第二十三条、第二十四条及其他有关法律、行政法规、司法解释、地方性法规、规章规定的回避情形。不存在法定回避情形的管理人，可按本公告要求进行书面报名（申请书需加盖单位公章并备注联系人、电话、确认经过自查无回避情形）。书面报名材料需在预告发布之日起 10 个工作日内函至本院审判管理办公室（以法院签收时间为准）。

按照摇珠结果确定承办案件的一级管理人在履行管理职责中才发现回避事由，并以此为据申请变更管理人的，视为该轮次内已承办过案件。如无管理人报名，该案将在本轮次没有承办过案件的一级管理人中摇珠指定管理人。

三、企业基本情况：肇庆市甲投资公司，统一社会信用代码：91×××××××××××××××4，注册成立时间2012年8月2日，公司类型为其他有限责任公司，公司注册资本人民币1000万元，法定代表人尹某，住所地为肇庆市某区。经营范围：项目投资、投资管理及咨询服务；房地产开发与经营，自我物业管理、租赁；市政工程投资、承包与施工。

四、案件基本情况：鼎湖区人民法院于2020年2月19日以（2020）粤1203破申1-1号的民事裁定受理肇庆市甲投资公司破产清算申请。经该法院初步查明：截至2019年7月31日，肇庆市甲投资公司的所有者权益为-62191506.78元，目前对外债务2亿多元，名下物业已被多个法院轮候查封。公司基本办公费用靠借款维持，债务仍在不断增加，资产也呈现减少趋势。

五、报名截止时间：2020年7月22日17时

地址：肇庆市端州区信安三路2号肇庆市中级人民法院审判管理办公室

摇珠时间：2020年7月28日10时

摇珠地点：肇庆市中级人民法院第四审判庭

联系人：黄某

电话：0758-27××11、189×××××××

特此公告。

肇庆市中级人民法院
2020年7月8日

从上述选任公告披露的信息可知：债务人为肇庆市鼎湖区某房地产开发企业，① 注册资本1000万元，2012年8月成立；2020年2月，法院受理破产清算

---

① 后文中提到的"本案件"或"本项目"，如无专门说明，均为甲投资公司所涉案件或项目。

申请，企业负债2亿多元，名下财产被多轮查封，无可维持运营的现金财产。

值得一提的是，目前广东省各地大多数法院并不接受管理人在报名前对案件进行阅卷，无法查阅到企业破产法规定的破产申请书、裁定受理书、债务人债权清册和债务清册等材料。个人认为，这种做法与世行对营商环境综合评判指标相悖，建议予以改善。但仅凭以上选任公告信息，并不足以供我们团队进行分析判断，比如该案件是否适合团队经办，是否能发挥团队目前具有的优势能力，是否具有需攻克的办案难点，以及团队统筹能力是否能以最优效率处理该案件。庆幸的是，金桥人一直在思考。我们让团队案前小组第一时间介入本案，尽可能了解更多的案件信息，以便团队作出决策。

案前小组通过各类网络数据、官方网站，各种手机应用软件，裁判文书网，执行信息公开网，微信微博等方式对债务人企业及相关主要人员进行尽调，分组查找，形成网络数据尽调报告，尽可能获取较完整的案件信息。

和大家分享一下，管理人团队应当配备通晓电脑技术的成员，特别是知道如何在网络上抓取数据的人才，能很好地提高整个团队的工作效率。（见表1）

表1　债务人企业信息

信息内容	经办人	是/否为有效信息
主体信息		
企业变更情况和时间节点		
股东情况和性质		
经营范围和特别经营证照情况		
设立年限和停止经营信息		
股权质押情况		
实际控制人和关联企业情况		
公司人员架构和高管人员情况		
资产信息		
名下土地招拍挂公告信息		
土地开发的各类证照和时间节点		

续表

信息内容	经办人	是/否为有效信息
经营期间土地转让信息		
尚未开发土地信息和周边类似土地指导价		
预售证和楼盘预售信息		
开发楼盘总建筑体量和性质，楼盘开发进度		
已销售房屋和未销售房屋数据		
开发楼盘的同类型房屋均价		
所在地区人口和楼盘销售利好信息		
是否具有可退还的其他款项		
负债情况		
项目施工进度、工程招投标文件和诉讼情况		
金融担保债权情况		
职工债权诉讼情况		
是否有拖欠必须确权缴纳的开发行政收费款项		
税务情况（历年纳税金额和欠税催缴通知书）		
其他类别案件量较大的债权诉讼情况		
特别重大的诉讼事项		
公示的财务报表和审计报告		
其他信息		
土地、房屋查封情况		
执行拍卖财产情况		
停止施工、停止销售信息，时间节点和猜测原因		
购房人信访、申诉信息，以及购房人分布区域，购房年限等		
楼盘所在地区政策变动及影响该项目销售的重大项目信息		
是否有财产租赁信息		
小区物业信息和收费标准		

案前小组通过以上数据尽调汇总信息后，又通过团队自身资源与当地人员沟通，听取了当地人员对该项目的观感，汇总成文后，派人到现场查看并对项目现状进行拍照，召集团队核心成员会议讨论，根据团队内部评分规则对案件进行打分，团队成员发表个人意见并汇总。（见表2）

表2　案件评分

参考因素	评分原因	本案评分
债务人设立年限和变更登记次数	涉财务审计和财产追收工作量，每逾5年减1分，总分5分	
股东人数和性质	涉案件复杂程度，涉外股东和国企相应减分，总分3分	
职工人数和工作期限	涉职工安置工作量，人数众多和工作年限较长相应减分，总分3分	
可变价处置资产总额	涉管理人报酬，按资产总额减少而相应减分，总分30分	
已办抵押担保资产总额	涉管理人报酬，按担保资产总额减少而相应比例加分，总分10分	
是否需续建以及续建工程量预判	涉工作量，按续建难度减分，总分5分	
是否具有可支配现金	涉破产费用和续建难度，按难度增加减分，总分5分	
现有资产变价难度	涉工作量，按难度增加减分，总分5分	
债权笔数和债权人人数	涉工作量，按债权人数增加减分，总分5分	
债权性质和类别难度	涉工作量，按难度或类别增加减分，总分4分	
是否涉及重大衍生诉讼和应收账款追收	涉工作量，按诉讼工作量增加减分，总分5分	
是否具有长期股权投资项目或分公司	涉工作量，按难度增加减分，总分5分	

续表

参考因素	评分原因	本案评分
是否具有重整价值且将转入重整程序	涉工作量，按工作量增加减分，总分10分	
其他因素（维稳、项目改规、团队对房地产案件的处置效率等）	涉工作量，按工作量增加减分，总分5分	
合计	100分	

案件评分表中的评分要素和分值构成，是根据团队以往案件的经验所得。主要考量内容如下：

1. 债务人设立年限和变更登记次数

债务人设立年限越长，经营时间就越长，涉及的财务资料越多，审计工作难度增大，同时债权形成的种类和时间均会增加案件的复杂性。

2. 股东人数和性质

债务人公司股东数量增多，可能出现股东纷争的情况。存在外资股东或国有性质的股东，其在经营事务和破产事项上均需符合相应的外资合规和国企合规规定，会极大增加工作量。

3. 职工人数和工作期限

破产案件中，职工债权的处置是重中之重，所以人数及工作期限均决定了工作量，但房地产开发企业的职工人数相对较少。

4. 可变价处置资产总额

可以通过公开信息和数据初步了解债务人名下资产，判断其资产类别和市场价值，从而预测可供清偿债务的变价财产总额，并测算管理人报酬。

5. 已办抵押担保资产总额

已办抵押担保资产是否债务人核心资产，抵押权人的意见将影响债务人重整进程，亦将影响其他顺位债权受偿额，处理时如何适用绝对优先权原则和衡平居次原则是案件难点。

6. 是否需续建以及续建工程量预判、是否具有可支配现金和现有资产变价难度

这两项均是对案件财产最终变价的考量因素，实务中，在建工程可能因诸多历史因素无法竣工备案和进行初始登记，无法在市场上正常变价流通，而完善诸类确权障碍时未接管到足额现金实施管理，或因税费过高而不被市场接受无法变价，均将产生庞大的工作量。

7. 债权笔数和债权人人数，以及债权性质和类别难度

在债权审查工作上，这两项是影响管理人工作量的主要因素。若债权笔数过千，再加上不同的债权申请和事实材料，等同于管理人不仅需要审查过千个案件，还需要审查债务人对众多债权的意见和抗辩资料。如何协调好团队人员分工和进度，亦是管理人必需开展的工作。

8. 是否涉及重大衍生诉讼和应收账款追收，以及是否具有长期股权投资项目或分公司，是财产轴线的工作事务

重大衍生诉讼伴随过多的程序要求和复杂因素，无法短期内形成结果；应收账款和长期投资亦是财产变价的主要工作。实务中，应收账款账龄时间过长，或债务人开设过多的分公司或子公司，均将增大案件的工作量，影响案件进程。

9. 是否具有重整价值且将转入重整程序、是否具有其他因素

实务个案中，为保障债权人利益最大化，管理人需研判是否需要转重整，协调各类债权人和债务人的意见，以及研判债务人财产是否具备保值增值的市场条件，从而拟定或配合拟定合适的重整计划草案，这个工作量可能比前期的财产调查和债权审查还要多；若存在维稳情形的，信访接待和解释工作均将导致额外的工作量。

第二篇　担任管理人的利益冲突

报名文件中的主要材料就是申请书和利益冲突自查声明。利益冲突自查声明是破产团队在承办每个案件前均应当准备的材料，也是最重要的材料，这是因为自查行为直接决定破产团队在报名案件中是否具有利益冲突情形，是否能依法担任管理人，符合报名资格。

在本案中，我们团队第一时间就作了利益冲突自查，不具有利益冲突的情形，符合报名资格，可以报名担任管理人。这里特别提示一下，在个案中，不是全部入册管理人都能依法担任管理人，需要第一时间开展利益冲突自查工作，否则，若真有法定的利益冲突情形，就不能担任管理人，前面做的一切工作都将成为无用功，不仅会被取消报名资格，按广东省规定，还可能丧失一次随机摇珠选取案件的机会。特别是大型律师事务所，因为执业人员众多，极有可能出现诸如所内某律师曾在三年内担任债权人法律顾问等利益冲突情形，依法应当回避。我们团队也曾经出现过该情形，做了大量工作之后却因利益冲突而中止，吃一堑长一智。这里再次强调一下，在收到招募选取管理人公告后，应当第一时间自查利益冲突。

一般民商事案件中，同一家律师事务所依法不能在同一案件中分别担任原告、被告的代理人。那么，破产案件中，担任管理人又有哪些利益冲突情形呢？应当依照哪部现行有效的法律法规呢？（见表3）

表3 律师接受委托的利益冲突情形相关法律规定

依据名称	具体条款
《律师法》	第三十九条 律师不得在同一案件中为双方当事人担任代理人，不得代理与本人或者其近亲属有利益冲突的法律事务。
《中华全国律师协会律师执业行为规范》	第四十九条 办理委托事务的律师与委托人之间存在利害关系或利益冲突的，不得承办该业务并应当主动提出回避。
	第五十条 有下列情形之一的，律师及律师事务所不得与当事人建立或维持委托关系： （一）律师在同一案件中为双方当事人担任代理人，或代理与本人或者其近亲属有利益冲突的法律事务的； （二）律师办理诉讼或者非诉讼业务，其近亲属是对方当事人的法定代表人或者代理人的； （三）曾经亲自处理或者审理过某一事项或者案件的行政机关工作人员、审判人员、检察人员、仲裁员，成为律师后又办理该事项或者案件的； （四）同一律师事务所的不同律师同时担任同一刑事案件的被害人的代理人和犯罪嫌疑人、被告人的辩护人，但在该县区域内只有一家律师事务所且事先征得当事人同意的除外； （五）在民事诉讼、行政诉讼、仲裁案件中，同一律师事务所的不同律师同时担任争议双方当事人的代理人，或者本所其工作人员为一方当事人，本所其他律师担任对方当事人的代理人的；

依据名称	具体条款
《中华全国律师协会律师执业行为规范》	（六）在非诉讼业务中，除各方当事人共同委托外，同一律师事务所的律师同时担任彼此有利害关系的各方当事人的代理人的； （七）在委托关系终止后，同一律师事务所或同一律师在同一案件后续审理或者处理中又接受对方当事人委托的； （八）其他与本条第（一）至第（七）项情形相似，且依据律师执业经验和行业常识能够判断为应当主动回避且不得办理的利益冲突情形。 第五十一条　有下列情形之一的，律师应当告知委托人并主动提出回避，但委托人同意其代理或者继续承办的除外： （一）接受民事诉讼、仲裁案件一方当事人的委托，而同所的其他律师是该案件中对方当事人的近亲属的； （二）担任刑事案件犯罪嫌疑人、被告人的辩护人，而同所的其他律师是该案件被害人的近亲属的； （三）同一律师事务所接受正在代理的诉讼案件或者非诉讼业务当事人的对方当事人所委托的其他法律业务的； （四）律师事务所与委托人存在法律服务关系，在某一诉讼或仲裁案件中该委托人未要求该律师事务所律师担任其代理人，而该律师事务所律师担任该委托人对方当事人的代理人的； （五）在委托关系终止后一年内，律师又就同一法律事务接受与原委托人有利害关系的对方当事人的委托的； （六）其他与本条第（一）至第（五）项情况相似，且依据律师执业经验和行业常识能够判断的其他情形。 律师和律师事务所发现存在上述情形的，应当告知委托人利益冲突的事实和可能产生的后果，由委托人决定是否建立或维持委托关系。委托人决定建立或维持委托关系的，应当签署知情同意书，表明当事人已经知悉存在利益冲突的基本事实和可能产生的法律后果，以及当事人明确同意与律师事务所及律师建立或维持委托关系。 第五十二条　委托人知情并签署知情同意书以示豁免的，承办律师在办理案件的过程中应对各自委托人的案件信息予以保密，不得将与案件有关的信息披露给相对人的承办律师。

续表

依据名称	具体条款
《律师协会会员违规行为处分规则（试行）》	第二十条　具有以下利益冲突行为之一的，给予训诫、警告或者通报批评的纪律处分；情节严重的，给予公开谴责、中止会员权利三个月以下的纪律处分： （一）律师在同一案件中为双方当事人担任代理人，或代理与本人或者其近亲属有利益冲突的法律事务的； （二）律师办理诉讼或者非诉讼业务，其近亲属是对方当事人的法定代表人或者代理人的； （三）曾经亲自处理或者审理过某一事项或者案件的行政机关工作人员、审判人员、检察人员、仲裁员，成为律师后又办理该事项或者案件的； （四）同一律师事务所的不同律师同时担任同一刑事案件的被害人的代理人和犯罪嫌疑人、被告人的辩护人，但在该县区域内只有一家律师事务所且事先征得当事人同意的除外； （五）在民事诉讼、行政诉讼、仲裁案件中，同一律师事务所的不同律师同时担任争议双方当事人的代理人，或者本所或其工作人员为一方当事人，本所其他律师担任对方当事人的代理人的； （六）在非诉讼业务中，除各方当事人共同委托外，同一律师事务所的律师同时担任彼此有利害关系的各方当事人的代理人的； （七）在委托关系终止后，同一律师事务所或同一律师在同一案件后续审理或者处理中又接受对方当事人委托的； （八）担任法律顾问期间，为顾问单位的对方当事人或者有利益冲突的当事人代理、辩护的； （九）曾经担任法官、检察官的律师从人民法院、人民检察院离任后，二年内以律师身份担任诉讼代理人或者辩护人； （十）担任所在律师事务所其他律师任仲裁员的仲裁案件代理人的； （十一）其他依据律师执业经验和行业常识能够判断为应当主动回避且不得办理的利益冲突情形。 第二十一条　未征得各方委托人的同意而从事以下代理行为之一的，给予训诫、警告或者通报批评的纪律处分： （一）接受民事诉讼、仲裁案件一方当事人的委托，而同所的其他律师是该案件中对方当事人的近亲属的；

依据名称	具体条款
《律师协会会员违规行为处分规则（试行）》	（二）担任刑事案件犯罪嫌疑人、被告人的辩护人，而同所的其他律师是该案件被害人的近亲属的； （三）同一律师事务所接受正在代理的诉讼案件或者非诉讼业务当事人的对方当事人所委托的其他法律业务的； （四）律师事务所与委托人存在法律服务关系，在某一诉讼或仲裁案件中该委托人未要求该律师事务所律师担任其代理人，而该律师事务所律师担任该委托人对方当事人的代理人的； （五）在委托关系终止后一年内，律师又就同一法律事务接受与原委托人有利害关系的对方当事人的委托的； （六）其他与本条第（一）至第（五）项情况相似，且依据律师执业经验和行业常识能够判断的其他情形。
《广东省律师防止利益冲突规则》	第四条　在进行利益冲突审查时，下列主体之间的关系视为本规则所称"同一律师事务所"： （一）律师事务所与该律师事务所设立的分所之间； （二）律师事务所分所与该律师事务所设立的其他分所之间； （三）虽然各自独立，但是彼此在人事、财务或者品牌上存在联系的律师事务所之间。
	第五条　律师在办理民事诉讼、行政诉讼或者仲裁案件中的下列情形属于直接利益冲突： （一）同一律师或者同一律师事务所的不同律师在同一案件中同时担任争议双方当事人的代理人，或者代理与本人及其近亲属有利益冲突的法律事务的； （二）律师担任一方当事人的代理人，而同一律师事务所的其他律师或者工作人员是该案件中对方当事人的； （三）担任所在律师事务所其他律师任仲裁员的仲裁案件代理人的； （四）曾经或者仍在担任仲裁员的律师，承办与本人担任仲裁员办理过的案件有利益冲突的法律事务的。
	第七条　在非诉讼业务中，除各方当事人共同委托外，同一律师事务所的律师同时担任彼此有利害关系各方当事人的代理人的，属于直接利益冲突。

续表

依据名称	具体条款
《广东省律师防止利益冲突规则》	第八条　在担任法律顾问期间，律师或者同一律师事务所的其他律师又在诉讼、仲裁或者其他非诉讼业务中接受该法律顾问单位或者个人的对方当事人或者有利益冲突的当事人委托的，属于直接利益冲突。
	第十条　除本节已有规定外，下列情形也属于直接利益冲突： （一）同一律师事务所或者同一律师在同一诉讼、仲裁案件后续审理或者处理中又接受对方当事人委托的； （二）律师办理诉讼、仲裁或者非诉讼业务，其近亲属是对方当事人的法定代表人或者代理人的； （三）其他依据律师执业经验和行业常识能够判断为直接利益冲突的情形。
	第十一条　律师在办理诉讼、仲裁案件中的下列情形属于间接利益冲突： （一）律师担任民事诉讼、仲裁案件一方当事人的代理人，而同所的其他律师或者工作人员是该案件中对方当事人的近亲属的； （二）律师担任刑事案件犯罪嫌疑人、被告人的辩护人，而同所的其他律师或者工作人员是该案件被害人的近亲属的。
	第十二条　在与当事人之间的委托关系存续期间或者委托关系终止后的一定时间内的下列情形属于间接利益冲突： （一）同一律师事务所接受正在办理的诉讼、仲裁或者非诉讼业务当事人的对方当事人所委托的其他法律业务的； （二）律师事务所与委托人存在法律服务关系，在某一诉讼或者仲裁案件中该委托人未要求该律师事务所律师担任其代理人，而该律师事务所律师担任该委托人对方当事人的代理人的； （三）在委托业务终结或者委托关系终止后十二个月以内，同一律师在诉讼、仲裁或者其他非诉讼业务中接受与原委托人有利害关系的对方当事人的委托的； （四）在委托关系终止后六个月内，同一律师事务所的不同律师在诉讼、仲裁或者其他非诉讼业务中接受与原委托人有利害关系的对方当事人的委托的。
	第十三条　其他与本节规定情况相似，且依据律师执业经验和行业常识能够判断为间接利益冲突的情形也应按间接利益冲突处理。

依据名称	具体条款
《广东省律师防止利益冲突规则》	第十八条　下列情形不作为利益冲突处理： 　　（一）在同一非诉讼法律事务中，同时接受可能会有利益冲突的两方或者两方以上的委托，办理无事实争议的具体性事务； 　　（二）在同一非诉讼法律事务中，同时接受可能会有利益冲突的两方或者两方以上的委托，进行协调、调解工作； 　　（三）在诉讼、仲裁业务中，两个或两个以上可能有利益冲突的共同原告（申请人）、共同被告（被申请人）或第三人共同委托相同律师担任代理人的； 　　（四）律师事务所设立的律师调解工作室同时接受案件双方当事人的委托开展调解工作的； 　　（五）依据律师执业经验和行业常识能够判断为明显不构成利益冲突的其他情形。

但破产案件和民商事诉讼案件还是有区别的，破产案件一般被认定为非诉讼业务，各国破产法律对此有不同的规定，笔者仅就我国现行有效的法律规定进行讨论。（见表4）

表4　有关利益冲突的主要法律规定

依据名称	具体条款
《企业破产法》	第二十四条第三款第（三）项　与本案有利害关系者，不得担任管理人。
《最高人民法院关于审理企业破产案件指定管理人的规定》	第二十三条　社会中介机构、清算组成员有下列情形之一，可能影响其忠实履行管理人职责的，人民法院可以认定为企业破产法第二十四条第三款第三项规定的利害关系： 　　（一）与债务人、债权人有未了结的债权债务关系； 　　（二）在人民法院受理破产申请前三年内，曾为债务人提供相对固定的中介服务； 　　（三）现在是或者在人民法院受理破产申请前三年内曾经是债务人、债权人的控股股东或者实际控制人； 　　（四）现在担任或者在人民法院受理破产申请前三年内曾经担任债务人、债权人的财务顾问、法律顾问； 　　（五）人民法院认为可能影响其忠实履行管理人职责的其他情形。

依据名称	具体条款
《最高人民法院关于审理企业破产案件指定管理人的规定》	第二十四条　清算组成员的派出人员、社会中介机构的派出人员、个人管理人有下列情形之一，可能影响其忠实履行管理人职责的，可以认定为企业破产法第二十四条第三款第三项规定的利害关系： （一）具有本规定第二十三条规定情形； （二）现在担任或者在人民法院受理破产申请前三年内曾经担任债务人、债权人的董事、监事、高级管理人员； （三）与债权人或者债务人的控股股东、董事、监事、高级管理人员存在夫妻、直系血亲、三代以内旁系血亲或者近姻亲关系； （四）人民法院认为可能影响其公正履行管理人职责的其他情形。

从以上法律规定可知，是否存在利害关系的认定主要从身份关系、业务关系、利益关系等方面考虑。实务中，身份关系、业务关系都相对容易确定，而利益关系，除了"受理破产申请前三年内曾经担任债务人、债权人的财务顾问、法律顾问"这条规定，其他都比较模糊，特别是"曾为债务人提供相对固定的中介服务"这一规定，实务处理中也有不一致的观点。下面就破产管理人涉利益关系中是否应当适用一般民商事的利益冲突规定，以及只在破产案件中出现的利冲情形，和大家分享一下。

1. 破产预先服务是否属于利益冲突情形

在破产特别是重整程序开始前，债务人、债权人或意向投资者可能会聘请律师等中介机构为顺利启动程序而事先提供法律、财务等服务，例如我们团队就在非诉讼业务中提供给债务人困境企业法律分析专项服务后担任管理人，也曾经为战略投资人提供过类似服务。有观点认为，在破产程序启动前存在这种中介服务就属于存在利害关系，该中介机构不得在此后启动的破产或重整程序中再担任管理人。但也有观点认为，中介机构为企业破产或重整程序提供预先服务，这是市场经济发展的客观需要，也有助于《企业破产法》的顺利实施和案件的正确审理，是让市场发挥资源配置功能的表现。我们团队支持第二种观点，特别是最高人民法院发布的《全国法院民商事审判工作会议纪要》，以及相关部门出台的推进破产案件审理的文件均提倡破产案件的庭外重组和预重整；并且，各地法院也出台了预重整的指导文件，规定临时管理人在转入重整程序时可直接被指定为管理人。

2. 曾代理小额债权人诉讼行为是否构成"可能影响其忠实履行管理人职责"

对于破产管理人，其曾代理并经办小额债权人诉讼，存在业务、经济关系，是否达到可能影响公正履行管理人职责的程度，包括但不限于律师在一定期间内为当事人连续代理多个独立诉讼，以及为债权人提供诉讼代理服务且尚未收到全部代理费用是否属于未了结的债权债务关系等。我们团队认为，《企业破产法》规定的绝对优先权明确了债权清偿顺位，债权人在该组别的清偿比例是一致的，若曾代理的债权人持有债权比例较小，远未达到该组别表决通过比例，不足以影响其他债权人的合法利益，仅从案件代理利益的角度看，并不足以构成实质利益冲突。

3. 其他特别情形

例如，曾代理债权人申请执行，但破产案件中债务人仅是该案件中的保证人，承担保证责任；某律所是某金融机构的法律服务备案机构，曾承诺不得代理相对方，现相对方破产，是否属于利益冲突；房地产企业破产案件，分所曾代理诉求为迟延办证违约金的大量诉讼，总所担任管理人，是否构成利益冲突；等等。

上述情形是我们团队处理破产案件中经常遇到的。我们团队认为，管理人应当勤勉尽责，保证程序公平、公正。若是法律明文禁止的情形，则应当不能担任管理人；反之，则应当考虑是否可能影响忠实履行管理人职责。考虑到管理人团队均为长期从事破产业务的专业团队，且《企业破产法》有更替管理人的规定，更应当遵循《企业破产法》的效率原则和市场经济规律，建议从宽适用。

最后再次强调，正是由于法律并未十分明确实务中担任管理人利益冲突情形，所以管理人在案件报名前的利益冲突自行审查十分必要。我们团队都是第一时间进行该项工作，以保证团队破产执业的规范，特别是担任联合管理人时，我们团队都会提醒联合方进行利益冲突自查。

第二章 案件前期实施阶段

第一篇 接 管

2020 年 8 月 3 日，肇庆市中级人民法院指定广东金桥百信律师事务所为肇庆市甲投资公司破产清算案的管理人。法院指定管理人裁定书出具，意味着团队经办本案的第一轮冲锋开始，工作量猛增。实务中，接管工作是基础和关键的步骤，顺利接管有利于管理人尽快理清案件事实、破产原因、债务人资产状况和大致负债情况。我们团队第一时间接管债务人财产、印章、账簿和文书等，以防止债务人财产被转移；为全面、合适履行管理人职责，迅速组织会议制订了本案的接管工作方案，按方案步骤实施接管工作。

一、破产管理人接管之前的准备

（一）申请调阅债务人相关材料

管理人领取人民法院的指定管理人通知书后，应当听取人民法院对本案件的指示，申请调阅包括破产申请书、财产状况说明、债务清册、债权清册、有关财务会计报告、审计评估资料以及职工工资支付和社会保险费用缴纳情况等，在内的债务人的相关卷宗，涉及相关法院尤其是当地法院仍强制执行的案件，应申请阅卷全面了解债务人财产情况，为债务人财产的调查和制作债务人财产状况报告做准备。

（二）刻制管理人印章，开设管理人账户

管理人应立即向人民法院申请出具同意刻制管理人印章和开设管理人账户的

证明或函件，然后凭人民法院的民事裁定书、指定管理人决定书及前述证明或函件等文书，按照国家相关规定刻制管理人印章，开设管理人账户，以便后续企业接管、破产工作的开展。

（三）了解债务人基本情况

管理人在接管债务人前，应联系债务人的法定代表人或实际负责人、控制人及高级管理人员，让其通知企业工程项目、财务、劳资用工等相关责任人员向管理人介绍债务人的工程项目、资产负债、劳动用工等基本情况。

（四）设立专门的管理人办公室

管理人在债务人的经营场所和肇庆分所办公室分别设立管理人办公室。债务人经营场所办公室主要用于通知债权人和接待债权人之债权申报，接待潜在战略投资人、介绍项目情况等；肇庆分所办公室主要用于债权审查、资产调查、资料保管等。

管理人办公室的房门要更换为防盗门，置备保险箱；门锁要由管理人来更换并由其保管所有钥匙；门口要安装24小时监控；窗户外要安装保险窗。管理人办公室要配备专门的保险柜、打印机等。

（五）确定召开交接工作会议的相关内容，并召集交接工作会议

管理人应根据初步了解的债务人状况，确定召开交接工作会议的时间、地点、相关参会人员，并通知债务人的法定代表人或实际负责人、控制人。根据交接工作会议通知，由管理人负责人召集管理人成员和债务人的法定代表人、项目负责人、法务负责人、财务负责人、劳动人事负责人等相关人员召开交接工作会议。

会议的主要内容为：管理人向债务人的有关人员介绍破产法律、法规及相关政策，释明破产管理人的职责和债务人相关人员（包括股东）的法定义务及责任；听取并记录债务人有关人员介绍债务人情况，初步调查债务人的现状：主要包括对债务人基本情况、合同情况、诉讼仲裁情况、财产情况、出资情况、劳动用工情况等的调查；商定交接的对口人员、交接步骤、交接程序、交接具体内容、资料清单等具体事宜；向债务人的有关人员送达接管告知书，在其中详细列

明管理人拟接管的内容，进行先期的交接指导；要求债务人按照接管告知书做好财产清理、账簿文书资料整理等交接的准备工作；同时就相关交接人员是否愿意担任留守人员以及留守人员的工资待遇进行了解和磋商。

二、破产管理人接管债务人的主要接管内容

根据《中华全国律师协会律师担任破产管理人业务操作指引》的规定，结合管理人长期从事管理人工作的实务经验，管理人接管债务人的主要工作有以下几方面：

（一）接管债务人的印章、证照、财务资料等文书资料

1. 关于接管债务人的印章

管理人首要的工作是完成债务人印章的接管工作，避免印章在接管前被滥用或丢失，给此后的债权审核等工作带来不必要的困难。管理人应接管的印章包括但不限于债务人的公章、财务专用章、合同专用章、发票专用章、海关报关章、法定代表人人名章、部门印章、分支机构印章等全部印章（备案及未备案使用的均包括在内）。

管理人应通知债务人的法定代表人收集整理全部印章，在管理人及法定代表人或保管人的共同见证下用印章在 A4 空白纸上按顺序盖上印样并逐一编号。移交后，由法定代表人（或保管人）和管理人小组接管人员在移交清单上签字确认，该移交清单交一份予法定代表人（或保管人）留底。此外，管理人还应到工商行政管理部门及公安机关提取债务人印章登记备案的印样，核对一致性。

2. 关于接管债务人的证照

包括但不限于法人营业执照、分公司营业执照、税务登记证、企业代码证、经营许可证、报关证、法定代表人登记证、贷款证、企业信用等级证（包括正副本和电子文本）等。债务人的法定代表人（或保管人）和管理人接管人员在证照移交清单上签字确认，该移交清单交一份予法定代表人（或保管人）留底。

3. 关于接管债务人的财务资料

包括但不限于财务报告、会计账簿、会计凭证、银行票据、税务资料、其他会计资料、审计检查资料、评估资料、验资资料等。债务人的财务负责人与管理

人接管人员逐项进行移交并制作财务资料移交清单，详细记录交接事项，双方签字确认，移交清单交一份予财务负责人留底。

4. 关于接管债务人的人事资料

包括但不限于职工花名册、劳动合同、用工手续、社会保险、职工联系方法等，债务人的人事负责人整理归类后移交管理人的接管人员，并填写移交清单，双方签字确认，移交清单交一份予人事负责人留底。

5. 关于接管债务人的其他文书资料

包括但不限于主管部门的设立批准文件、公司章程、股东协议、验资证明、各种会议记录、对外合同、公证文书等法律文书及各类决议、管理系统授权密码。上述文书资料由债务人的行政办公系统管理人员全面收集，逐项移交管理人接管人员，并填写移交清单，双方签字确认，移交清单交一份予行政管理负责人留底。

6. 管理人应通知债务人法定代表人或负责人整理诉讼（含仲裁）案件清单

主要载明：诉讼当事人、受理法院、案由、诉讼标的、基本案情简介、诉讼所处阶段等，并按案件清单的顺序完成，收集诉讼证据、法律文书等涉及诉讼的各类资料后，统一移交管理人接管人员，之后双方制作相关接管清单（见表5）并签字确认，移交清单交一份予债务人法务负责人留底。

应注意，管理人在接管过程中应当要求债务人相关人员提供资料原件，对只提供复印件的应当要求相关人员如实陈述、记载并签名确认。

（二）接管债务人的资产

1. 管理人应接管的不动产

包括但不限于土地使用权、房屋所有权、在建工程等。应由债务人法定代表人或实际负责人带领管理人现场查验，填制移交清单，并将相关权证文书移交管理人，双方签字认可。另外，为查明不动产的权属和权利限制，管理人应前往房产、土地管理部门查询证书的真实性、有效性、不动产权利限制情况以及抵押登记等情况。不动产的接管同时还要考虑安排留守人员或保安人员负责日常的看管并保障看管人员的工资待遇。

2. 管理人应接管的动产

包括但不限于机器设备、存货、办公设备用品、交通设备等。此项工作应由债务人的法定代表人及有关负责人（财务人员或仓库保管员）按照企业会计账册、设备、存货库存清单等资料记载的内容制作盘点表，管理人依据盘点表指派其成员与债务人的相关人员进行现场实物清点，根据清点情况，双方在盘点表的基础上编制动产移交清单，并签字认可。此外，还应提前做好与债务人和评估审计部门的沟通工作，要求其配合管理人及评估审计部门进行盘点，提前将盘点表按一定逻辑制作完成，提前熟悉相关财产的信息，在盘点时提高效率，推进破产程序的进程。就该案件的实际情况，管理人将建议法院尽快摇珠确定评估和审计部门以及时在接管环节介入工作（包括盘点），一方面提高工作效率，另一方面避免重复工作。

3. 管理人接管的交通设备

应将交通设备的发票、行驶证、保险单、养路费票证、车船使用税完税证一并接管，如有需要，管理人可到车辆管理部门查询车辆登记档案并核查车辆权利限制以及抵押登记等情况。

4. 管理人应接管的货币资产

包括但不限于库存现金、银行存款、其他货币资金等。银行存款的接管，除资金外还包括基本存款账户、一般存款账户和专用存款账户的开户银行、账户、密码；其他货币资金主要是指外部存款、银行汇票存款、银行本票存款、信用卡存款、信用证外部保证金存款、住房资金管理中心所存的房改售房款以及已被法院查扣但尚未划转的银行存款等。管理人应对库存现金进行盘点移交，对银行存款、其他货币资金等到相关金融机构或部门进行核实，并根据盘点、核实情况制作移交清单，由双方签字确认。对于已被法院查扣但尚未划转的银行存款，则应第一时间联系查扣法院依法解除对债务人财产的强制措施并通知债权人申报债权（《企业破产法》第十九条规定：人民法院受理破产申请后，有关债务人财产的保全措施应当解除，执行程序应当中止）。

5. 管理人应接管的有价证券

包括但不限于应收票据（商业承兑汇票、银行承兑汇票）、基金、债券、股票等。债务人的法定代表人、财务负责人以及管理人应在管理人制作的移交清单上签字确认。

6. 管理人应接管的对外投资

包括但不限于非公司企业出资、有限责任公司股权、非上市股份公司股份、合伙型（或合同型）联营投资权益等。管理人接管对外投资时，应要求债务人的相关人员提供对外投资合同、协议，货币、实物、技术等出资情况和股权证书等相关投资证明资料。债务人的法定代表人、财务负责人以及管理人应在管理人制作的移交清单上签字确认。

7. 管理人应接管的债权

包括但不限于应收账款、租赁收益、预付账款等。债务人的相关人员应提供相关文书资料。债务人的法定代表人、财务负责人以及管理人应在管理人制作的移交清单上签字确认。

8. 管理人应接管的无形资产

包括但不限于著作权、专利权、商标权、商业秘密权（即经营秘密权和技术秘密权）、专有技术权及其他特许权。由债务人的法定代表人和相关负责人对相关权证及附属文书、图纸等资料进行整理移交，管理人制作移交清单，双方签字确认。

9. 管理人应接管的其他文件材料

包括但不限于与工程建设项目有关的补偿协议、安置协议、预测绘报告、商铺买卖合同、商铺预售合同和商铺定购意向书等，以便管理人厘清重整项目涉及的风险问题，并为进一步开展评估及引进投资人奠定基础。

（三）接管债务人的债务资料

管理人应接管的债务资料包括但不限于短期借款、应付票据、应付账款、预收账款、应付职工薪酬、应交税款、应付利息、应付股息、其他应付款等流动负债和长期借款、应付债券、长期应付款等长期负债。对债务人的流动负债和长期负债，债务人财务负责人与管理人应按照债务清册、财务会计账册等资料记载的内容逐项进行移交并制作债务资料移交清单，详细记录交接事项，双方签字认可。

三、接管债务人的时间

人民法院指定管理人后，管理人应当及时接管债务人的财产、印章和账簿、文书等资料。结合本案资料较多以及涉及维稳的特殊情况，管理人应尽量在两个月内完成接管工作。

四、避免债务人不予配合或接管不顺畅的措施

首先，管理人应向债务人相关人员（包括债务人的法定代表人或实际负责人、控制人及高级管理人员）详细介绍《企业破产法》关于管理人接管职责的条文规定，更重要的是说明接管的重要性以及不配合接管的法律责任和可能面临的法律风险。

其次，管理人如发现或遇见不配合接管的情形，则需要了解原因，不配合原因可以消除的，则应及时消除并完成接管；不配合原因无法消除的，则应第一时间向法院进行书面汇报并依据法律规定明确不配合的法律责任之具体规定，同时向法院报告如何在相关单位或个人不予配合的情况下继续完成接管。在此过程中对于不配合之责任人应依法采取训诫、拘留、罚款等措施的，则应及时汇报法院依法实施。

最后，在法院采取前述惩罚措施后，债务人仍不配合的，管理人应建议破产合议庭应加强府院联动，及时与当地政府沟通，由其召集公安、人社、工会等部门联席会议，在当地政府的统一协调下，主管法院与当地公安局、街道、消防、公证处、人社部门组成联合行动小组并通知原公司职工代表到场见证，对该公司进行强制接管。

五、破产管理人接管债务人后的工作

管理人接管债务人后，应当对债务的财产、印章、资料等相关材料进行保管，同时由管理人管理债务人的内部事务。

首先，关于债务人印章、证照、文书等资料的保管。管理人应将除印章、证照外的其他非核心资料暂存于债务人处管理人专用办公室的带锁铁皮柜内，并安排专人负责管理。至于印章、证照，可以视情况决定存放于债务人处的管理人办

公室的保险箱内，或转移至管理人自己的办公室，并安排专人保管。

其次，关于资产的管理。对于不动产，其中权属不清、可能存在争议或者未经登记的资产，管理人应及时依法确权或登记。闲置的、具备对外出租条件的不动产，如案件处理周期较长，经人民法院许可后可对外出租，以实现资产价值的最大化，但必须与承租人约定租赁期限自不动产变价拍卖交割之日无条件解除。对于动产，管理人应指派专人现场看管，如存放地点分散、数量较小，可采取集中封存管理。如果经债权人会议通过或人民法院裁定之前，债务人的财产确实会出现贬损的，如易腐烂的财产或贬值极快的股票等，或者继续保存维护的成本高昂的，本着债务人财产价值最大化的工作原则，管理人可以将此类财产及时变价并向人民法院报告处置情况。对于货币资产，管理人应指定成员或聘用出纳人员专人负责保管与核算，并注意安全防范措施。对于银行存款，在具备条件的情况下，应采取全面销户集中存款的方式，划入管理人账户集中管理。对于无形资产，如可能存在权属争议的，管理人应及时采取措施以确定其权属。对于出资形成的资产，管理人应及时通知被出资企业，并依法行使出资人权利或依法处置对外投资。

六、其他注意事项

管理人接管过程中，首先应委托安保人员进驻现场，或通知原安保人员继续履行职务，留守安保人员的工资待遇等由管理人负责。对可能被转移的财产，应立即采取保全措施。

管理人完成初步接管后，应当制作阶段性工作报告，第一时间向法院报告接管工作情况。债务人的相关人员因客观因素无法交出应交接的财产、印章、账册、文书等资料的，管理人应当要求其作出书面说明或者提供有关证据与线索。债务人的相关人员拒不移交财产、印章和账簿、文书等资料时，管理人应当第一时间向法院报告并采取相应的措施完成接管。

管理人在接管过程中，应对相关财产进行必要的调查，为最终制作财产调查报告作好前期准备。

管理人对破产申请前成立而债务人和对方当事人均未履行完毕的合同，应当立即通知对方当事人磋商决定予以解除或者继续履行。

管理人应当向债务人的债务人和财产持有人发出书面通知，要求其于限定时间内向管理人清偿债务或者交付财产。

七、管理人拟实施的具体接管方案

为保障接管工作的有序推进，管理人团队应当提前召开会议研判，根据债务人的现状和接管可能发生的情况，就个案需要接管的工作内容对团队成员进行组别分工，明确各组别的接管内容，这样更有利于提高接管效率。本案中，我们的管理人团队依据相关法律规定制订组别分工方案，拟按以下方式和次序进行接管。

1. 法院通知债务人，要求法定代表人和财务负责人员于具体日期到法院领取民事裁定书，并到庭由管理人向其说明，其向管理人移交债务人的财产、印章和账簿、文书等资料；管理人的负责人当庭向其说明《企业破产法》第十五条的具体规定，并告知其相关权利、义务。鼎湖区人民法院组织法官、书记员和法警到庭。

2. 管理人应当事先了解印章和账簿、文书等资料的存放地点，若债务人拒绝配合接管工作的，管理人应立即到上述存放地点进行接管工作。我们的管理人团队一般分成四个组别：

第一小组为印章接管组，安排组长一人，辅助人员一人，主要工作为接管债务人的印章（具体印章内容详见接管清单）；

第二小组为财务账簿接管组，安排组长一人，辅助人员二至三人，主要工作为接管债务人的财务账簿（具体印章内容详见接管清单）；

第三小组为文书接管和后备人员组，安排组长一人，辅助人员三至四人，主要工作为接管债务人文书，包括但不限于已售商铺买卖合同、商铺预售合同、商铺订购意向书、诉讼类文书和其他文书等；

第四小组为资产接管组，安排组长一人，辅助人员二至三人，主要工作为全面调查债务人的财产，接管并保管好债务人的现金、不动产、动产等资产。

以上组别分别由各组长统筹，完成接管任务后，立即进行接管清单确认工作。接管工作完成后，将接管到的印章和账簿、文书等存放到指定地点，并布置安防工作。

以上就是我们团队讨论后并实际执行的接管方案，由于债务人是房地产开发企业，我们针对该行业的特点和实际情况，增加了不少接管内容。当然，管理人接管应当全面履行，这只是主要接管内容，案件办理过程中还将继续接管，如特定的证照、特定财产。有些财产存放在第三人处需取回，租赁场地需接管并进行管理等。接管方案的陈述内容中，几乎每一句话都是一项工作或一份文件，甚至两项；接管工作十分繁杂，还有一些细节内容，如接管地点、路途车辆安排、安防对接等，未能在上述接管方案中一一表述。虽然基于个案不同应当设立不同的组别和分工内容，每个管理人的做法也不尽相同，但我们团队通常会设立四个以上的组别，尽可能将组别和工作内容设置得更科学、高效，所以建议管理人提前做好方案，并做好人员安排和分工、充分预判和备选方案，充分发挥团队协作功能，力争更快更好地完成接管工作。

表5　接管清单

债务人：

管理人：

序号		材料名称	是/否接管	复印/原件	数量	备注
1	印章类	公章				
		财务专用章				
		合同专用章				
		发票专用章				
		法定代表人私章				
		财务负责人私章				

续表

序号		材料名称	是/否接管	复印/原件	数量	备注
2	证照类	营业执照正本				
		营业执照副本				
		组织机构代码证正本				
		组织机构代码证副本				
		预售许可证				
		国有土地使用证				
		建设用地规划许可证				
		建设工程规划许可证				
		建筑工程施工许可证				
		税务登记证				
		税务IC卡				
		开户许可证				
3	账册类	会计账簿				
		财务会计报告				
		会计凭证				
		年度审计报告				
		年度验资报告				
4	货币资产	企业银行账户及密码				
		网银盾				
		现金				
5	动产	车辆				
		设备				
6	不动产	房屋所有权证				
		土地使用权证				

续表

序号		材料名称	是/否接管	复印/原件	数量	备注
7	知识产权	商标				
		专利				
		著作权				
		专有技术				
8		裁判文书				
9		行政批文				
10		企业人事档案				
11	公司职工材料	职工劳动合同				
		社保记录				
		工资记录				
12	其他材料	房屋建筑面积测绘成果报告书				
		项目报建资料及相关附图				
提交人保证所提交的上述印章、证照、文书材料等合法有效。						

提交人：　　　　　　　　　　　　接收人：

联系电话：　　　　　　　　　　　联系电话：

提交日期：　　　　　　　　　　　提交日期：

第二篇 已知债权人通知

如果说接管是管理人执业实务中的首要工作，那么，已知债权人通知则是《企业破产法》规定的程序第一要务。根据《企业破产法》第十四条、第四十五条、第四十八条第一款及第五十六条第二款规定，人民法院应当自裁定受理破产申请之日起二十五日内通知已知债权人，并予以公告。人民法院受理破产申请后，应当确定债权人申报债权的期限。债权人应当在人民法院确定的债权申报期限内向管理人申报债权。债权人未依照本法规定申报债权的，不得依照本法规定的程序行使权利。

从前述条款来看，受理案件的人民法院是通知债权人的义务主体，但在破产案件办理实务中，法院仅负责发布债权申报通知和公告，绝大多数案件均是由管理人负责完成通知债权人的工作。虽然表面来看，管理人的这项工作仅是出具一份书面通知，但其后面的工作量较大，工作内容要求也比较高，特别是具有大量购房债权人的房地产企业破产案件。本案件包括600多名购房债权人和逾百名其他债权人，因此，向已知债权人通知债权申报文件，要做到勤勉尽责，保障债权人的合法利益，这也是我们团队面临的最紧迫的工作任务。本案中，我们团队是按以下流程履行已知债权人通知职责的。

一、通知之前的工作安排准备

根据法律规定，债权申报通知应当在案件受理后25日内公告。但本案中因指定管理人的特殊因素，故我们团队于被指定的管理人后25日内开展该项工作的（2020年8月3日被指定成为管理人，8月20日公告）。考虑到案件债权人众多，我们团队在接管工作实施后开展已知债权人通知。我们认为，接管到的案件材料，有利于分析判断案件的工作量，以及对债权申报期限的统筹，建议有条件的案件可采用上述方法。

本案中，团队梳理接管到的债权人清单、债权类别和数量，考量所在地区分布，已知债权人的联系方式查找难度，以及团队工作效率和工作时间安排，并且还要考虑第一次债权人会议（以下简称一债会）的召开时间（因法律规定第一次债权人会议需在债权申报期限届满后 15 日内召开）。本案债权人众多，需考虑一债会文件的工作量等因素，与经办法官沟通协商，再次判断一债会会议时间节点与案件社会稳定的关联因素，最终确定了债权申报时间和一债会召开日期。综合以上所有因素，确定第一次债权人会议在 2020 年 10 月 13 日召开，债权申报期间为 50 日（法律规定申报期限不少于 30 日，不超过 3 个月），申报期限后 13 日内召开一债会，符合法律关于程序的规定。

二、确定已知债权人范围的规定

《企业破产法》并未明确规定已知债权人的范围。相对来说，管理人并不熟悉债务人的具体情况，对已知债权人范围的确定是实务执业中的难点。因此，需要管理人细心谨慎、勤勉尽责地穷尽各种方式进行查找和通知。部分地区法院出台的办理破产案件的指引提及的如何确定已知债权人的内容，可作为管理人执行该事务的参考（见表6）：

表 6　部分地区法院出台的如何确定已知债权人的法律依据

依据名称	具体条款
《上海市高级人民法院破产审判工作规范指引（试行）》	已知债权人的范围根据债务清册、财务报告、清算报告、生效裁判文书等材料确定。
《广东省深圳市中级人民法院破产案件债权审核认定指引》	第八条第一款　本指引所称已知债权人是指根据债务人提供的资料，以及通过本案卷宗或者其他途径获得的信息，初步判断对债务人享有债权并且能够查明联系方式的债权人。

我们团队在本案件的实务操作中，除上述总结的债务清册、财务报告、清算报告、生效裁判文书等之外，还对接管到的购房债权人联系信息，申请调取诉讼文书所涉案件卷宗等方式获取已知债权人的联系方式，并在后期开展的财产尽调过程中，发现财产抵押担保情况，并据此通知担保债权人。因此，接管工作的顺利完成也提高了我们团队开展已知债权人通知工作的效率。

三、如何提高效率并有效通知

根据《企业破产法》第五十九条第一款之规定，依法申报债权的债权人为债权人会议的成员，有权参加债权人会议，享有表决权。因此，为保障债权人依法享有的表决权，管理人应在接受人民法院指定后，及时通知已知债权人。破产房地产企业的债权人众多，如何提高效率并有效通知已知债权人，是办理房地产企业破产案件的重要工作之一，我们根据团队近期经办的房地产企业破产案件，总结实务经验，开展本案件的已知债权人通知工作：

（一）如何提高效率

1. 建立网络群组

根据实务经验，建立一到两个稳定的网络群组，可大大提高通知已知债权人的效率。网络传播相较于传统的纸质邮寄更为快速，成本更低，特别是债权人众多的企业，如果可以第一时间建立债权人的网络群组，不仅可以提高通知已知债权人工作的效率，还可以降低通知工作的时间成本，也可以节约资源。

破产房地产企业中有相当一部分债权人为购房债权人，企业为便于管理房屋交付、费用支付等，通常已在购房债权人之间建立了网络群组，而目前使用较多的为微信群。我们团队在实务中总结出来的经验表明，微信群有很大的便利性，但也存在一些问题，比如信息容易被刷屏，造成相关人员错过重要内容、新入群人员无法查看历史信息、无法存储文件供债权人下载等。

我们团队一般使用 QQ 或者钉钉作为与债权人建立沟通及发布公告的渠道。使用 QQ 或者钉钉的好处是，可将文件上传并存储后供已入群的债权人下载，新入群人员可以查看历史信息、查看及下载群文档，管理人可以开启网络直播会议进行答疑等。

本案中，我们就充分利用了 QQ 的文件存储和"群课堂"功能，不仅提高了通知申报债权的效率、解答了债权人的疑问，在维稳方面更是取得了良好的效果。另外，我们还使用了钉钉平台召开了第一次债权人会议，债权人不仅可观看会议直播及回放，还可进行会议的签到及对会议事项进行表决。

因此，本案中我们使用的是 QQ 和钉钉双平台，但各侧重的事务不同，在

QQ 平台主要是解答债权人的疑问，在钉钉平台则主要是召开债权人会议或债委会会议。管理人建立一到两个便于管理及发布通知且债权人操作便捷的网络群组，是进行高效通知的重要环节。当然，适当的群组管理制度和网络后勤人员亦是需要团队预先安排，并通过开会讨论事先统一问答的准则和尺度。

2. 现场公告

对于已入住项目房屋的债权人，管理人还可在所属的小区出入口、楼房对应的公告栏、房屋销售中心、物业管理人处张贴公告。本案中，部分债权人则是通过查看公告栏及房屋销售中心张贴的信息后与管理人联系申报债权，张贴的公告中可增加可联系群组的具体方式，故在债务人及其名下的物业现场张贴公告，也是提高通知效率的方式之一。

3. 发挥留守职工的作用

如企业仍有留守职工在岗的，可充分调动留守职工，发挥其作用。根据我们团队处理的多起房地产企业破产案件的经验，留守职工是企业的一线工作人员，不仅比管理人更熟悉企业内部的运作，而且能配合管理人开展财务审计、安全保卫、设备维修及到当地各政府部门办理事务等工作，帮助提高破产事务的处理效率。另外，留守员工还可提出实际工作中更具体的问题，如个别难以通知的已知债权人采用反复电话通知方式，故应在工作开展之前已就工作量进行预估，是管理人提高效率的辅助手段。

（二）如何有效地通知

承前所述，管理人履行"通知已知债权人"属于受法院委托协助其完成的文书送达的司法行为，应符合《民事诉讼法》《最高人民法院关于以法院专递方式邮寄送达民事诉讼文书的若干规定》的相关规定。因此，管理人"通知已知债权人"，应当进行有效的送达，否则不仅会造成资源的浪费，还可能会损害债权人的合法权益，具体可从以下几个方面入手：

1. 查询债权人有效的联系方式

查询债权人有效的联系方式是"通知已知债权人"的前提，管理人可通过债务人提交的债务清册、财务报告、清算报告、生效裁判文书查询债权人的联系方式，但对于管理人未能接管到的企业，管理人需要通过中国裁判文书网、中国执行信息公开网等公开渠道查询已知债权人；必要时，可通过查找债权人的代理人或者向人民法院申请阅卷的方式查找债权人的联系方式。笔者将债权人区分为法人或其他组织和自然人两种不同类型进行查询：

（1）如果债权人为法人或其他组织的，可通过国家企业信用信息公示系统、天眼查等公开网络渠道查询其住所地，直接向其住所地邮寄书面申报通知。需要注意的是，邮寄时不建议在收件人处写法定代表人或负责人的姓名，因为实务中很多法人或其他组织的法定代表人或负责人已离职或不再担任法定代表人或负责人，但未及时办理工商变更登记，如果管理人寄出的文件的收件人为法定代表人或负责人的姓名，则该份文件很可能会因无法联系、查无此人而退件，不仅造成资源的浪费，而且债权人也可能因文件未送达而未能及时申报债权。因此，笔者建议在收件人处写"法定代表人"或"负责人"即可，如法人或其他组织在住所地正常经营，则该份通知可有效送达债权人。

（2）如果债权人为自然人的，首先，可参考债务人提供的资料查找债权人的联系方式，在本案中，大多数自然人债权人为购房债权人，此类债权人与债务人签订合同时大多已留下联系方式，故管理人可直接根据债务人提供的资料查找债权人的联系方式，向其邮寄书面申报通知；其次，如果债务人提供的资料未能查找到债权人的联系方式或管理人未能接管到的债务人企业，则可通过中国裁判文书网、中国执行信息公开网查询债权人的信息；必要时，可通过查找债权人的代理人或者向人民法院申请阅卷的方式查找债权人的联系方式。根据《最高人民法院关于以法院专递方式邮寄送达民事诉讼文书的若干规定》的相关规定，债权人在起诉时填写并提供给人民法院的送达地址确认书，为有效的送达地址。故管理人可通过查找债权人的代理人或向人民法院申请阅卷的方式查找到债权人的联系方式，并向其邮寄书面申报通知书。

在本案中，抛开以上有效法律方式，我们团队从勤勉尽责的角度出发，还查找相应的合同、原债务人员工留存的债权人或其经办人的联系方式，去通知已知债权人，目的就是尽可能履行通知责任，保障债权人的知情权。

2. 有效的书面通知

鉴于管理人实际执行了具体的通知邮寄工作，为防范管理人的执业风险，管理人邮寄通知时应做好相关的证据固定保全工作。笔者认为，管理人在办理邮寄通知时，一般应注意以下事项：

（1）清晰准确填写债权人名称、通讯地址、收件人、联系电话等信息。为避免错/漏，应反复核实债权人/收件人的信息，并准确填写邮寄信息，如条件允许，建议在内容准确的前提下，多使用复制/粘贴功能，并尽量使用电子打印生成邮寄凭单；

（2）明确邮寄材料的内容。管理人在填写快递单时，应在"内件品名"（以EMS为例）中明确注明"××破产/重整债权申报通知"等内容，确保后附材料一并邮寄，并将内件名称打印在邮寄凭单之上；

（3）固定好邮寄的证据及保留好送达回执。为保证邮寄方式有效送达，目前笔者通常选择EMS进行邮寄。需要注意的是，邮寄时不仅需要保留相应邮寄凭单，必要时还需要对邮件进行拍照留存，并善用微信小程序及时对邮件送达情况进行跟踪。也可在邮寄之后，通过电话、短信的方式再次告知债权申报事宜和已经寄送书面申报通知，并确认是否收到相应的通知。对于未能有效寄送的，债权人应查明退回原因后，及时补充邮寄。

3. 查询、通知情况的汇总

将查询及通知已知债权人的工作进行列表汇总，有利于梳理通知工作，查缺补漏。因此，本案中，我们团队要求经办成员清晰地记录通知已知债权人的每一项工作，除了记录债权人的姓名、代理人姓名、涉诉案号、经办法院、债权类型外，还记录了查询债权人联系方式的情况［查询日期、查询方式（以阅卷、发函或者公开渠道等）查询到债权人或代理人的联系方式］、通知情况［通知日期、向债权人（或代理人）联系地址邮寄书面通知、向债权人（或代理人）邮箱发送电子版申报资料等］、送达情况（书面通知寄出时间、快递单号、送达或退件日期、退件原因）。

管理人执行职务应当勤勉尽责，因此，破产案件工作中的"留痕"工作最能体现管理人执行事务的具体经过；将查询及通知已知债权人的工作清晰记录，体现了管理人的勤勉尽责，各项工作有序推进，不仅有利于掌握整个破产案件的进程，而且，梳理好的债权人表格与债权人登记表格一体化、无误链接，亦有利于提前规划下一步需要继续完善的工作及有序推进案件的进程。

第三篇 开展债权申报工作

已知债权人通知工作伴随的管理人执业任务，就是开展债权申报工作。为提高案件效率，通知已知债权人的时候应当一并将债权申报的文本送达，因此，债权申报的范本一般也需要在人民法院自裁定受理破产申请之日起 25 日内准备好。作为一级管理人，虽然我们有以往的案例和范本，但每件个案均具有特殊性，需要重新依照案件特点补充拟定债权申报相关文书。我们根据本案件是房地产企业破产案件且购房债权人众多的特点，作出了分类，区别对待送达债权申报文本。以下是我们经办本案过程中的准备事项和步骤，其中详细说明了内容、注意事项和方法，供大家参考：

一、债权申报的范围

根据法律规定，债务人所欠职工的工资和医疗、伤残补助、抚恤费用，所欠的应当划入职工个人账户的基本养老保险、基本医疗保险费用、住房公积金，以及法律、法规规定应当支付职工的补偿金等，不必申报，由管理人调查后列出清单并予以公示。除此之外的债权，均应向管理人依法申报。

依法进行申报的债权，除了生效法律文书确认的债权外，还包括：

1. 破产申请受理前发生的无财产担保的债权；

2. 破产申请受理前发生的虽有财产担保但债权人放弃优先受偿的债权；

3. 破产申请受理前发生的虽有财产担保但债权数额超过担保物价值部分的债权；

4. 票据出票人被宣告破产，付款人或者承兑人不知其事实而向持票人付款或者承兑所产生的债权；

5. 管理人解除合同，对方当事人依法或者依照合同约定产生的对债务人可以用货币计算的债权；

6. 债务人的受托人不知债务人已被人民法院裁定受理破产申请之事实，或虽然知道该事实，但为债务人的利益继续处理委托事务所发生的债权；

7. 债务人发行债券形成的债权；

8. 债务人的保证人代替债务人清偿债务后依法可以向债务人追偿的债权；

9. 债务人的保证人按照《民法典》的相关规定预先行使追偿权而申报的债权；

10. 债务人为保证人的，在破产宣告前已经被生效的法律文书确定承担的保证责任；

11. 债务人在破产申请受理前因侵权、违约给他人造成财产损失而产生的赔偿责任。

12. 财政、扶贫、科技管理等行政部门通过签订合同，按有偿使用、定期归还原则发放的款项。

13. 人民法院认可的其他债权。

因此，管理人应当对债权申报范围烂熟于心，并且根据案件的特点进行必要区分，这样有利于提高债权申报的效率，以及后续管理人工作的开展。

二、债权申报文件的内容和区分文本

（一）债权申报通知材料内容

1. 人民法院受理破产案件的裁定书、决定书和受理破产案件公告（复印件）；2. 债权申报须知；3. 债权申报通知书；4. 债权申报应提交材料清单；5. 法定代表人身份证明；6. 授权委托书；7. 债权人基本信息确认书；8. 债权申报表；9. 债权申报证据清单；10. 债权申报文件回执。

管理人可以根据案件需要在寄送债权申报通知材料的同时向已知债权人邮寄"债委会成员意向书"和"债务人财产线索征询意见书"。

债权人申报债权应当提交债权证明和合法有效的身份证明；代理申报的还应当提交授权委托书、受托人的有效身份证明。

（二）管理人在接受债权申报时，应当要求债权人提交的文件

1. 债权人身份证明材料

自然人提交身份证或护照等，法人提交企业法人营业执照、法定代表人或负

责人的有效身份证明等，非法人组织提交其他组织证明文件等；若委托他人代为申报，还应提交授权委托书、受托人的有效身份证明，受托人是律师的，还应提交律师事务所的指派函及律师执业证。

2. 债权申报资料包含的内容

（1）债权人的名称或姓名、住所、法定代表人；（2）债权性质、债权种类、债权发生时间、债权到期日；（3）债权是否附条件和期限；（4）申报债权的金额；（5）有无财产担保或优先权；（6）是否为连带债权；（7）有无连带债务人；（8）是否为求偿权或将来求偿权申报债权；（9）债权形成的基本事实；（10）申报债权利息、违约金或赔偿金的，应当另行提交计算清单。

3. 债权金额和债权发生事实的证据材料

（1）债权基础文件，如合同、协议、欠条等；（2）债权人的支付凭证，如付款证明、发货记录等；（3）债权人请求偿债的证明、财产担保证明、债务人已偿还部分债务的证明、法院及仲裁机构文书等文件。

4. 债权人应如实填写的基本信息

债权人姓名或名称、联系人的姓名、联系地址、联系方式及收款银行、账号、户名等确认信息；有委托代理人的，还应载明代理人的姓名、住址、联系方式及授权委托权限等事项。

5. 管理人要求提供的其他资料

管理人受理债权人申报债权登记时，一般应对债权人提出以下要求：

（1）如实填写《债权申报表》，并由债权人签字或盖章。

（2）提交债权人的主体资格文件，包括个人身份证明或企业法人营业执照等。

①债权人为法人的，提交营业执照原件，管理人核对后留存复印件；

②债权人为自然人的，提交合法有效的身份证明，管理人核对原件后留存复印件。

③债权人委托他人申报债权的，提交委托人签字盖章的授权委托书及受托人的身份证明；

④债权人申报债权时应提交相关申报材料，管理人应就债权人提交的申报文件是否完整进行审查。如申报文件不完整或者有缺陷，管理人应当告知债权人，

要求其进行补正；

⑤管理人在接收债权人提交的申报文件时，债权人或其受托人在其提交的证据材料复印件上签章确认，并由管理人就复印件与原件逐一进行核对；

⑥管理人受理债权申报后应将申报债权信息登记于《债权申报登记册》；

⑦债权人申报债权时应如实填写《债权申报文件清单》，注明提交资料的名称、种类、数量等，债权申报文件清单应签字或盖章；

⑧管理人受理债权人申报债权和证据材料，应当向申报人出具回执；

⑨管理人在受理债权申报后应及时归档成册，债权申报文件由管理人保存，供利害关系人查阅；

⑩债权人申报债权时应填写联系方式、地址确定书及分配款收款账号等信息，以便日后管理人与债权人联系并顺利进行破产财产分配。

管理人可根据上述注意事项制作《债权申报须知》一并提交债权人。

我们团队在经办本案的过程中，通过接管和材料梳理，就案件数量较大的购房债权人和非购房债权人分别拟定了债权申报表，根据案件规范了表格内容，有利于债权人明确自身的申报诉求，也有利于管理人相应编制债权清册，以及后续债权审查、审计工作的推进。团队也考虑过按照《企业破产法》第一百一十三条的规定，分别拟定购房人债权、工程款债权、有财产担保债权、职工债权、税务债权和其他普通债权相应的申报材料。从之后的管理人工作开展情况来看，管理人在处理房地产企业破产案件时，有必要针对不同债权拟定相应的债权申报表格。

以下是本案中，我们团队拟定的债权申报表（见表7、表8）。

表7　破产清算案
债权申报表（购房人用）

编号：

<table>
<tr>
<td rowspan="3">债权人
基本情况</td>
<td>债权人
姓名/名称</td>
<td colspan="3"></td>
</tr>
<tr>
<td>法定代表人</td>
<td></td>
<td>联系电话</td>
<td></td>
</tr>
<tr>
<td>地　　址</td>
<td colspan="3"></td>
</tr>
<tr>
<td>所购房屋地址</td>
<td colspan="4"></td>
</tr>
<tr>
<td>所购房屋类型</td>
<td colspan="4">住宅（　　）　　　商铺（　　）　　请在对应类型后的括号内打√</td>
</tr>
<tr>
<td rowspan="3">申报债权总额
（本金+孳息+
其他费用）</td>
<td rowspan="3"></td>
<td colspan="2">购房款本金</td>
<td></td>
</tr>
<tr>
<td colspan="2">其他费用（诉讼费、
契税费等，没有不用填）</td>
<td></td>
</tr>
<tr>
<td colspan="2">合同违约金、
利息等孳息</td>
<td></td>
</tr>
<tr>
<td>债权相关的
基本事实</td>
<td colspan="4">请简要说明债权形成的时间、过程、最后一次主张债权的时间、有无
进行过诉讼、执行、是否共有、是否已交楼或是否要求交付房屋或要
求解除合同（进入破产程序前已解除合同的不能要求交付房屋，请注
明）。债权如已经获得部分清偿，请如实说明。</td>
</tr>
<tr>
<td>申报利息或违约
金的计算说明</td>
<td colspan="4">债权利息、违约金、滞纳金等的计算依据（合同中的约定或法律规
定）以及计算方式（包括基数、起止时间、阶段利率等）。</td>
</tr>
<tr>
<td rowspan="2">委托代理人
基本情况</td>
<td>姓　　名</td>
<td></td>
<td>证件号码</td>
<td></td>
</tr>
<tr>
<td>工作单位</td>
<td></td>
<td>电　　话</td>
<td></td>
</tr>
</table>

（注：债权人可另行书面说明本表格未尽事宜）

申报人（盖章或签字）：

申报日期：　　　年　　月　　日

表 8 破产清算案
债权申报材料清单（购房人用）

债权申报人：

	序号	申报材料名称	份数	页数	是否与原件核对一致	备注
申报材料	1	身份证				
	2	委托授权书（委托律师的附律师事务所所函）、代理人身份证（如委托他人的要提供）				
	3	购房合同、认购合同等				
	4	收据、发票				
	5	银行划款凭证（很重要）				请到划款账号所属银行打印划款支付购房款、定金等款项的凭证、回单等，需要银行盖章确认。
	6	备案或查册资料				
	7	其他与购房、下定金有关的资料				
	8	生效法律文书（判决书、调解书、仲裁裁决书、执行裁定书）和法律文书生效证明（如有）				
	9	利息、违约金等计算清单和依据				

续表

备注	1. 填妥后，将此表、证据、法定代表人身份证明书、授权委托书、企业法人营业执照复印件或自然人身份证明复印件与**债权申报表**一同提交。 2. 提交材料的纸张规格应为 A4 纸；书写均应用蓝黑、碳素墨水，或打印件。 3. 以上列举资料是举例，如不具备可删除。

提交人盖章或签字：　　　　　　申报材料提交日期：

三、债权申报文件公示及释疑方法建议

本案债权申报过程中，也碰到房地产企业破产案件常见的障碍。由于债权人的法律意识参差不齐，部分债权人无法理解申报的内容，甚至出现连申报的债权金额也无法填写的情形，有的还将债权证据材料原件寄送给管理人。申报每一笔债权的时候反复致电管理人，我们团队已预判到这种情形，还安排专员负责债权申报事项，但仍不足以处理债权申报的烦琐工作。在具体债权申报中，我们团队根据数据分析和经验，分组别列举不同债权人的申报表，并形成样式模板，在模板的每个空格中均有备注，详细列举了各种情形下空格中应填写的内容，以供债权人参考。房地产开发企业破产案件中，常遇到的就是金融债权、工程价款优先债权、职工债权、服务合同或民间借贷合同等普通债权，此外，体量最大是购房人债权，实务中往往存在几百笔或者上千笔购房人债权。并且，购房人的申报诉求和债权情况均有不同，有司法解除购房合同的，有要求交房或退款的，有交定金、预付款或部分房款的，有交全款的，有办抵押贷款的，有要求迟延交付或迟延办证违约金的，还有债务人开发周期长可能存在不同购房合同版本的，因此，合理分类，并引导债权人进行申报，可以有效地提高债权申报效率，减少工作量。

另外，基于对购房债权人生存权保障和合同选择权，在债权申报时，购房债权人是要求继续履行合同、确认房屋权属，还是要求解除合同、退还房款。债权

人对此也没有明确的概念，不清楚其法律后果，导致在债权申报过程中，对其诉求反复变更，这也增加了管理人债权申报工作的难度。还有部分购房债权人持观望态度，不申报债权。由于购房债权人只认为并坚持其是案件受害人，采取信访比债权申报还有效，不愿意聘请法律专业人士，是本案件中碰到的比较多的情况。

基于上述情况，我们团队立即开会进行处理。首先，2020 年 8 月 22 日，根据债权人微信群、QQ 群等即时通信方式摸查债权人普遍提及的问题，总结并归纳出相应的释疑文件，拟定了相关的债权申报文书问答作为参照，并进行公示。这些问答综合考量了债权人的法律认知，也总结了房地产开发企业破产案件中大概率出现的购房人债权的不同情形，用大白话深入浅出地说明了债权申报应注意的具体细节。其中的提问罗列了不同购房债权人的疑问，回答部分则模拟管理人逐一作答。

这样一来方便购房债权人合法提出其申报主张，二来避免管理人安排过多人员逐一与购房债权人沟通释法，极大提高了债权申报的效率。这里也将该问答和大家分享一下（本问答仅供参考）。

债权申报填写问答

经过归纳分析，各位业主（购房债权人）询问的申报问题主要分为两大类：

第一类是提起过诉讼，且已有生效判决或申请强制执行的，根据法律规定，该债权审查应当依照生效判决的内容进行，故各位业主按判决内容按照表 8 填写即可。

第二类是没有提起诉讼或诉讼仍在进行尚未判决的，各位可以按合同约定的内容进行债权申报。管理人要求申报时，必须填写是否要求继续履行购房合同，或要求退还房款。至于选择要房还是退款，这需要各位业主根据自身情况进行决策，各位业主按照表 7 填写即可。

首先，关于各业主申报的要房或退款主张，需经管理人依法审查。但判决解除合同，或明确申报退购房款的，就不能继续选择要房。

一、购房债权人交了定金，并且已经收了楼，但没有领取房产证的，如何申报债权？

答：可以选择要房或退款。我们管理人团队将根据后续的工作，审查并依法决定，是否继续履行合同并交房，或者退还购房款。债权申报可参照表7。

二、购房债权人现在供楼但还没收楼的，如何申报债权？

答：可以选择要房或退款。我们管理人团队将根据后续的工作，审查并依法决定，是否继续履行合同并交房，或者退还购房款。债权申报可参照表7。

三、购房债权人交了定金签了合同但没收楼的，如何申报债权？

答：可以选择要房或退款。我们管理人团队将根据后续的工作，审查并依法决定，是否继续履行合同并交房，或者退还定金、取消合同。债权申报可参照表7。

四、购房债权人交了定金没签合同，只签了认购书的，如何申报债权？

答：我们管理人团队将根据后续的工作，审查并依法决定，是否继续履行合同并交房，或者退还定金。若经依法确认后，可签订购房合同。债权申报可参照表7。

五、购房债权人交了定金没签合同，没有提起诉讼且退房的，如何申报债权？

答：购房债权人可直接主张退还定金。债权申报可参照表7。

六、购房债权人交了定金没签合同，想退房并打官司胜诉又强制执行的，如何申报债权？

答：按判决书的内容申报债权。债权申报可参照表8。

七、购房债权人交了定金没签合同，想退房打了官司没有强制执行的，如何申报债权？

答：按判决书的内容申报债权。债权申报可参照表8。

八、购房债权人交了首期款，签了购房合同，已备案，由于2015年开发公司被查封，账户被冻结，银行放款失败，没有开始还房贷，被逼签订补充协议后才能收楼，已收楼待办理银行按揭及办理房产证的，如何申报债权？

答：可以选择要房或退款。我们管理人团队将根据后续的工作，审查并依法决定，是否继续履行合同并交房，或者退还购房款。债权申报可参照表7。

九、购房债权人收了楼，就违约金提出上诉，并申请强制执行，法院已判决开发公司限时赔偿违约约金，但迟迟未收到赔偿违约金。现在要怎样操作，如何申报债权？

答：可申报违约金，并要求办证。债权申报可参照表8。

十、购房债权人已经支付了全款，等拿房产证跟赔偿金的，如何申报债权？

答：可申报违约金，并要求办证。债权申报可参照表7。

十一、购房债权人交了定金，未签合同，等签合同和收楼，如何申报债权？

答：可以选择要房或退款。我们管理人团队将根据后续的工作，审查并依法决定，是否继续履行合同并交房，或者退还购房款。债权申报可参照表7。

十二、购房债权人交了首付款，签了合同，因开发公司的原因办不了按揭，楼也还没收，如何申报债权？

答：可以选择要房或退款。我们管理人团队将根据后续的工作，审查并依法决定，是否继续履行合同并交房，或者退还购房款。债权申报可参照表7。

十三、购房债权人交了首付款，没有收楼，打官司要回首付的，如何申报债权？

答：按判决书的内容申报债权。债权申报可参照表8。

十四、购房债权人收了楼，就违约金提出了上诉，并申请强制执行，法院已判决开发公司限时赔偿违约约金，但迟迟未收到赔偿违约金怎样安排？用违约金抵车位的又怎样安排？同意用违约金抵车位现在想要反悔又怎样安排，如何申报债权？

答：可按判决内容申报违约金。对于违约金抵车位的行为，由管理人依法审查。债权申报可参照表8。

十五、购房债权人交了首付款，签了合同，开发公司的原因导致银行不放款，现在还没开始供房，打过一次追讨违约金的官司，胜诉，但没有强制执行。未曾收到过违约金，还没有收楼（曾让购房债权人去收楼，但收楼要签一份附加协议，不签就不让收楼，所以没有收楼），如何申报债权？

答：可按判决内容申报违约金。债权申报可参照表8。

十六、购房债权人因违约金诉讼过两次，但判决书未按合同赔付，初审败诉。再次向中院起诉，二审维持初审，现向高院申诉，暂未有回复，现已收楼，没有房产证，如何申报债权？

答：仍有诉讼尚在进行中的，管理人依法列为诉讼待定债权，等诉讼结果出来后确认债权。可先行申报违约金。债权申报可参照表8。

十七、购房债权人已付全款，没收楼的，如何申报债权？

答：可以选择要房或退款。我们管理人团队将根据后续的工作，审查并依法决定，是否继续履行合同并交房，或者退还购房款。债权申报可参照表7。

十八、购房债权人已付首付款，只签认购书没有签购房合同，想退房，如何申报债权？

答：可申报退还首付款。债权申报可参照表7。

十九、购房债权人已付全房款，但房屋未备案，已收楼，但未取得房产证，如何申报债权？

答：可申报继续履行合同，并要求办证。债权申报可参照表7。

二十、购房债权人已交首付款，签了合同备案，契税已交，银行没有放款，还没有收楼，没有起诉，想要房，如何申报债权？

答：可以选择要房或退款。我们管理人团队将根据后续的工作，审查并依法决定，是否继续履行合同并交房，或者退还购房款。债权申报可参照表7。

二十一、购房债权人只差房产证事宜，接下来该如何处理？如何申报债权？

答：可申报继续履行合同，并要求办证。债权申报可参照表7。

二十二、购房债权人交了首付款，签了合同，契税已交，开发公司的原因导致银行还没放款，未交房，起诉过一次追讨违约金（官司胜诉，但未收到违约金），如何申报债权？

答：可以选择要房或退款。我们管理人团队将根据后续的工作，审查并依法决定，是否继续履行合同并交房，或者退还购房款。债权申报可参照表8。

二十三、购房债权人第一次起诉违约金，申请了强制没赔钱，随后逼签谅解协议书撤销起诉才能收楼，接着又违反不履行协议，再次起诉胜诉并又申请了强制执行，没赔付，现在终于破产了，维修基金也没履行，如何申报债权？

答：可按判决内容进行申报。债权申报可参照表8。

其次，2020年8月29日，管理人公示债权申报范例后，立即组织人员通过QQ群课堂的方式召开了债权人申报网络释疑会，由管理人逐一对债权申报内容中的细节进行法律解释和填写告知，并释明其法律后果。为方便债权人，管理人还将群课堂内容制作成视频资料，上传到各QQ群和微信群，供债权人反复观看并比照填写各自债权申报材料。

最后，管理人组织了现场会议，就特殊人员的债权申报工作，在项目现场布置了破产程序释明和债权申报内容，安排工作人员在现场指导债权申报和法律释明工作。

四、申报文件登记造册

根据《最高人民法院关于适用〈中华人民共和国企业破产法〉若干问题的规定（三）》第六条的规定，管理人应当依照企业破产法第五十七条的规定对所申报的债权进行登记造册，详尽记载申报人的姓名、单位、代理人、申报债权额、担保情况、证据、联系方式等事项，形成债权申报登记册。

管理人应当依照《企业破产法》第五十七条的规定对债权的性质、数额、担保财产、是否超过诉讼时效期间、是否超过强制执行期间等情况进行审查、编制债权表并提交债权人会议核查。

债权表、债权申报登记册及债权申报材料在破产期间由管理人保管，债权人、债务人、债务人职工及其他利害关系人有权查阅。

在本案中，我们团队严格按照上述法律规定制作了《债权登记册》，并将债权申报材料全部扫描电子化存档，以便债权审核工作的开展和结案后材料归档。虽然扫描电子化存档工作的强度较大，但在本案中得到了多数债权人的认可（其中一名债权人要求查阅全部债权申报材料），而且，由于债权笔数众多，团队负责债权审核工作的人员需要随时查阅申报材料，这项工作也提供了足够的便利，极大地提高了债权审核的效率。

第四篇　职工债权和职工安置

职工问题是《企业破产法》中较重要的问题，职工债权亦在普通债权组别中单列，并具有受偿顺位在先的规定。相对于劳动密集型和中大型生产企业，某公司作为房地产开发企业，其雇佣的员工数量并不多，管理人处理职工问题的工作量也较少。根据《企业破产法》第四十八条第二款的规定："债务人所欠职工的工资和医疗、伤残补助、抚恤费用，所欠的应当划入职工个人账户的基本养老保险、基本医疗保险费用，以及法律、行政法规规定应当支付给职工的补偿金，不必申报，由管理人调查后列出清单并予以公示。职工对清单记载有异议的，可以要求管理人更正；管理人不予更正的，职工可以向人民法院提起诉讼。"因此，程序上，职工债权不必申报，由管理人审核确认后即可公示。实务中，考虑到债务人是否继续或停止营业、是否需要返聘留守工作人员和梳理职工债权，以及能否顺利推进破产程序，管理人一般都会在第一次债权人会议召开前完成该项工作。部分地区法院对管理人也有该事项处理时限的要求。

一、职工债权的前期工作

根据《企业破产法》第四十八条的规定，职工债权不必申报，由管理人调查后列出清单并予以公示，故管理人应提前做好相关的准备计划，方便统筹。

前期工作中，主要任务就是调查资料。按照我们团队的实务经验，在案件早期，团队在内部分工计划中就特别指定了负责职工债权的团队成员，由该成员负责在接管工作中与文书资料组对接。在某公司资料的交接中，主要留意劳动合同、员工名册、工资表、社保信息材料以及证明劳动关系的其他资料等。并且，管理人特定负责成员需要与公司的实际控制人、人事经理、财务主管等进行谈话并制作笔录，了解公司的职工情况、欠薪情况、社保等的欠费情况等。另外，在随后的财产状况调整中，还特别注意外调当地的人力资源和社会保障局出具的社保情况，以及劳动仲裁委或人民法院的相关劳动涉诉情况、工商局调取公司董监高的备案情况等。该案件实务操作中，我们团队还召开了职工会议，专门询问了每名职工的劳动关系情况，并兼顾对职工进行《企业破产法》释明的工作。前期工作中，管理人团队应当提前准备职工债权表，将每一步调取的信息录入表格，建议表格中详细列明：职工的身份信息、联系方式、欠薪情况、社保登记情况、入职离职情况、工资卡停发之日起前后一年的流水情况、结算书等事项，以便最终进行职工债权公示。

除此之外，负责职工债权的团队成员，还需要了解清楚每名职工的就职岗位和工作职责、在债务人企业中的供职部门、部门的组成架构以及特殊岗位就职员工的上岗资质和证照等，以便团队统筹决策，在后续案件执行中，依据案件需要决定是否留任，留任员工人选以及员工留任意愿调查的辅助准备工作。

二、职工债权的债权审核

依据《企业破产法》第四十八条第二款的规定，职工债权的范围包括：债务人所欠职工的工资和医疗、伤残补助、抚恤费用，所欠的应当划入职工个人账户的基本养老保险、基本医疗保险费用，以及法律、行政法规规定应当支付给职工的补偿金等。实务操作中，就职工债权，管理人的主要审核内容如下：

（一）工资

工资指用人单位依据国家有关规定或者劳动合同的约定，以货币形式直接支付给本单位劳动者的劳动报酬。依据《关于工资总额组成的规定》的规定，工资总额由下列六个部分组成：（1）计时工资；（2）计件工资；（3）奖金；（4）津贴和补贴；（5）加班加点工资；（6）特殊情况下支付的工资。其中，特殊情况下支付的工资包括：因病、工伤、产假、计划生育假、婚丧假、事假、探亲假、定期休假、停工学习、执行国家或社会义务等原因按计时工资标准或计时工资标准的一定比例支付的工资。

（二）医疗、伤残补助、抚恤费用

根据国务院2010年12月20日修订的《工伤保险条例》的规定，职工因工作遭受事故伤害或者患职业病进行治疗，享受工伤医疗待遇；职工被鉴定为一级至十级伤残的，享受伤残补助待遇，以及职工因工死亡时，按其供养的直系亲属人数，每月付给供养直系亲属抚恤费，直到受供养人丧失受供养的规定条件为止。如果债务人未为职工参加工伤保险的，在此期间职工发生工伤，由债务人按照《工伤保险条例》规定的工伤保险待遇项目和标准支付费用。因此，债务人欠职工的医疗、伤残补助费用，包括两个部分：第一，本应由债务人支付给职工的医疗补助费用，即住院伙食补助费、生活护理费、异地就医的交通、住宿费以及停工留薪期内的原工资福利待遇。第二，债务人应当参加工伤保险而未参加的，未在此期间债务人的职工如果发生工伤，由债务人按照《工伤保险条例》规定的工伤保险待遇项目和标准支付费用。如职工因工死亡，其直系亲属按照规定从工伤保险基金领取丧葬补助金、供养亲属抚恤金和一次性工亡补助金。债务人拖欠的这部分费用，应当计入职工债权。

（三）应当划入职工个人账户的基本养老保险费用

根据 2005 年 12 月颁布的《国务院关于完善企业职工基本养老保险制度的决定》规定，从 2006 年 1 月 1 日起，单位缴纳的部分不再划入个人账户，个人账户全部由个人缴费形成。因此，管理人应当以 2006 年 1 月 1 日为时间节点，审查确认是否具有企业拖欠应当划入职工个人账户的基本养老保险费的情形。

（四）应当划入职工个人账户的基本医疗保险费用

根据《国务院关于建立城镇职工基本医疗保险制度的决定》的规定，用人单位及其职工应当参加基本医疗保险，由用人单位和职工共同缴纳保险费。职工个人缴纳部分进入职工个人账户，属于职工债权。用人单位缴纳的基本医疗保险费分为两部分：一部分计入社会统筹账户，该部分不属于职工债权；另一部分划入职工个人账户，该部分属于职工债权。

（五）住房公积金

根据最高人民法院印发的《全国法院破产审判工作会议纪要》第 27 条的规定，债务人欠缴的住房公积金，按照债务人拖欠的职工工资性质清偿。

（六）补偿金

属于职工债权范围内的补偿金只包括法律、行政法规规定应当支付给职工的补偿金，破产实务操作中，仍然应当根据《劳动法》以及《劳动合同法》的规定审查是否具有企业应当向职工支付补偿金的法定情形。

该案中，我们团队根据实际调查获得的材料，严格按照企业破产法和劳动合同法对职工债权进行审查，并审查了破产受理前债务人董监高的工资和其他员工的绩效工资。由于该公司员工管理尚属规范，经审查，除部分已到退休年龄的员工外，均签订劳动合同并购买社会保险，故并未遇到职工债权审查中疑难问题，如未签订劳动合同的双倍工资、职工集资款、代为支付职工工资等情形，本案中，也没有劳动关系涉诉情形。

该案件有别于其他案件的特殊情形，是破产申请受理后到指定管理人时长长达半年，在此期间，原职工均留岗维持该公司的基本运营工作，包括财务人员、工程人员、安保人员等。基于以上事实，结合保护劳动者权益的立法精神和《全国法院破产审判工作会议纪要》第 27 条的规定，管理人对该期间拖欠的工资予以确认。

三、职工债权的公示和异议程序

职工债权审查完毕后，管理人应当依据《企业破产法》第四十八条第二款的规定进行公示。我们团队在经办该案件过程中，对于该事项，为了充分保障职工权益和全体债权人的知情权，分别在全国企业破产重整案件信息网、债权人 QQ 群、钉钉群进行公示，召开职工会议公示给全体职工，并由职工逐一签收；将审查结果报送受理人民法院。最终，经过我们团队的充分解释，全体职工均未对公示债权结果提出异议。

团队将审查结果完整地公示给全体债权人，包括审查的依据，审查的材料、起计时间和截止时间，拖欠工资总额，职工名单、债务人董监高的超出平均工资收入和其他员工的绩效工资等，虽然部分债权人对此有不同意见，但管理人审查结果严格执行法律规定且程序合法，为职工债权最终认定夯实基础。

该公司职工债权公示期届满后，仍有部分债权人对职工债权提出异议，虽然

《企业破产法》并未规定其他非职工债权人有权对职工债权提出异议，并且已过异议期，但团队成员仍就此问题召开团队会议，并进行了充分讨论。我们团队本着顺利推进破产案件进程，勤勉尽责履行管理人职责，充分保护债权人权益，特别是知情权的初衷，仍然对异议问题进行回复，并全面说明审查的法律依据和证明材料。

四、职工安置问题

这里讨论的职工安置，并不是债务人企业在破产申请受理初期向人民法院递交的职工安置计划，而是指管理人接管后，如何处理原有职工的劳动关系，以及是否留任原必要人员。特别是房地产开发企业，是否留任原职工具有重要的意义。在企业进入破产程序后，管理人虽接管破产企业，但破产企业的性质各不相同，管理人一般由具有资质律师事务所、会计师事务所、破产清算事务所等社会中介机构担任。管理人团队成员对企业的实际经营状况不了解，特别是房地产开发企业，涉及太多建筑专业类问题，因此，管理人应当根据工作需要，按法定程序聘用破产企业的留守人员配合工作，这些人员往往掌握企业重要信息，保管并占有破产财产，对企业负有法定的责任。因此，管理人聘用留守人员并不是为了解决其就业问题，而是因为他们承担着更多企业责任和义务，必须根据管理人的要求全力配合清算工作。在实务中，房地产开发企业破产清算案件往往涉及项目续建问题，种类繁多，而对续建问题，留守员工不仅比管理人更专业，亦比建筑人员更了解企业原经营情况，故管理人在案件推进中，必须对此问题予以提前考虑，并做好统筹计划。

（一）劳动合同解除问题

根据《劳动合同法》第四十四条第（四）项的规定，劳动合同于用人单位被依法宣告破产时终止，因此，企业被裁定受理破产后至宣告破产期间，原职工劳动关系合法存续。

本案中，为维护全体债权人利益，避免过多的破产费用支出，应删减部分员工，需要解除劳动合同。实务中，虽然劳动合同法有明确规定，但破产案件具有其特殊性，管理人对解除劳动合同的时间节点存在不同理解。一种理解是劳动合同应当自案件破产申请受理之日起解除，另一种是应当自宣告破产之日解除。中国人民大学法学院破产法研究中心主任王欣新教授认为，从《企业破产法》与《劳动合同法》的普通法与特别法的关系角度考虑，《劳动合同法》对破产程序中劳动合同解除的规定，应作为特别法优先适用。毕竟劳动合同中更多涉及的是劳动者的生存利益，加之劳动合同法律关系和其他商事合同法律关系在法律规则、立法价值以及解决途径均有很大差异，故我们团队经过商量后，充分考虑到本案件可能涉及的问题，项目客观上存在的严重财务困局，企业已无法提供相应岗位且无力支付相应的工资待遇，故不应过多苛责于企业。在该公司客观上已无法给劳动者提供工作岗位的情况下，管理人解除劳动关系，可以使很大一部分劳动者走上新的工作岗位，重新就业。因此，团队决定接管后解除原职工的劳动关系。

（二）留任员工的聘用原则和程序规定

根据《企业破产法》第二十八条第一款的规定："管理人经人民法院许可，可以聘用必要的工作人员。"首先，管理人不能擅自聘用工作人员，应经法院批准，否则，支出的费用不能依法纳入破产费用。其次，管理人聘用的留守人员须是必要的，根据法律的规定，留任人员一般为企业的法定代表人、财务管理人员和其他经营管理人员。在房地产开发企业破产案件中，除了上述人员，原债务人企业聘用的工程人员、销售主管人员、办证人员，在案件涉及续建和确权办证时，也有必要予以留任，能极大提高续建和确权办证的工作效率，降低案件成本，有利于债务人财产增值。

根据上述规定和实务做法，经人民法院许可，管理人即可决定聘用留任人员，其聘用费用作为破产费用，无须债权人会议表决；但《全国法院破产审判工作会议纪要》第11条的规定，管理人经人民法院许可聘用企业经营管理人员所需费用列入破产费用的，应当经债权人会议同意。

因此，在本案中，考虑到债权人的知情权，管理人综合衡量后，将聘用留守人员的方案提交债权人会议审核，由于债权人（特别是购房债权人）对留守人员的敌对态度，第一次债权人会议并未表决通过该方案；但考虑到效率成本，管理人在与债权人充分沟通，详述了法律依据和必要性后，该方案于第二次债权人会议表决通过。

（三）留任员工是否应当购买社会保险

上述方案通过后，在签订聘用合同前期，留守人员提出需要破产公司为其购买社会保险的诉求。那么，就产生一个问题，留守人员应当签订劳动合同还是劳务合同，是否可为其购买社会保险？实务中，《企业破产法》并没有明文规定，上述两种观点各有论据。

一种观点认为：管理人应该与留守人员签订书面劳务合同，合同期限根据破产清算的工作进程、不同的岗位确定，合同到期后，破产案件仍未结束的，管理人要根据工作的实际需要，分别决定是否继续聘用。留守人员的报酬，应由管理人结合其留守工作的重要性和繁简度的实际情况予以确定，并将确定的理由和结果报人民法院备案。普通员工可参照其正常工作期间的工资确定，如仍过高，可依据市场经济合理调整；法定代表人、股东和高级管理人员的劳务报酬，由于该类人员之前多担任领导职务，全方位管理企业，工资水平远超过普通员工标准，但现在企业由管理人全面接管，上述人员仅配合管理人工作，同时为保证破产财产价值最大化，不再参照其正常工作期间的工资确定，可参照破产企业正常生产经营期间的职工平均工资。管理人可对留守人员的报酬支付制定考核标准，实际支付时由管理人综合考核后在破产财产中优先支付。聘用留守人员应当为劳务关系，聘用期间管理人不承担为留守人员缴纳社会保险的义务。原因在于，《企业破产法》虽然未对是否缴纳社会保险明确规定，但是，管理人不属于用人单位，没有资格且不可能开设社保账户为聘用工作人员缴纳社会保险，管理人只需按照聘用合同的约定向聘用的留守人员支付劳务报酬，并计入破产费用。

另外一种观点认为：管理人与其聘用的工作人员形成劳动关系，管理人应与聘用人员签订劳动合同，理由为根据《企业破产法》等法律的相关规定，管理人有自己的名称、公章以及固定的办公地点，同时，其还有报酬作为执行公务的费用，因而，管理人是具备用人单位特征的组织，其应该成为用人单位的主体。并且，破产企业被受理破产申请，并未最终注销，其仍然可以为其清算行为聘请工作人员。根据《最高人民法院关于审理企业破产案件指定管理人的规定》第二十九条的明确规定，管理人凭指定管理人决定书按照国家有关规定刻制管理人印章，管理人印章只能用于所涉破产事务。因而，可以说，管理人是因法律的拟制或者是司法的介入才成为一类特殊的用人单位主体。《企业破产法》第二十八条第一款规定，管理人经人民法院许可，可以聘用必要的工作人员。当管理人与工作人员因劳动纠纷发生争议而涉诉（或仲裁）时，管理人当然有资格作为劳动关系一方当事人参与仲裁或诉讼，其主体资格不存在法律上的障碍，事实上，法律也明确规定管理人在某些情况下可以作为诉讼主体，如《企业破产法》第三十四条就明确规定，管理人有权以自己的名义行使追回权。此外，破产清算案件存在转入重整程序的可能，债务人企业并不必然宣告破产、主体资格灭亡，包括目前我国现行税法的相关规定亦表明，进入破产程序的债务人企业仍然可以为其聘请的员工购买社会保险，以保障劳动者权益和履行企业的清算职责。

我们团队就此事项专门开会进行讨论，最终形成一致意见：考虑到接管时为减少破产费用支出，已经与全体职工解除劳动合同关系，而且案件是否具备重整条件尚无法判断，故权衡利弊，决定签订劳务合同，不购买社会保险。意见形成后，团队成员再次与留守人员进行会议沟通，充分说明企业目前困境，主动听取留守人员诉求，保障留守期间的工资收入，最终取得留守人员的理解和支持。

第五篇　债务人财产状况调查

《企业破产法》第二十五条第（二）项明确规定管理人职责之一：调查债务人财产状况，制作财产状况报告。虽然并未详细规定履职期限，但管理人应当勤勉尽责履行职责，并在第一次债权人会议中尽可能完善详尽地披露财产状况报告。实务中，管理人应尽快安排财产调查组，争取在第一次债权人会议前完成该项工作，所以，我们团队还是习惯把这个事项放在接管工作阶段，攻坚完成任务，为营造良好营商环境贡献一份力量。

债务人财产总额的多少，是破产程序中决定受偿率的主要因素，截至破产申请受理日，债务人财产是相对固定的，财产金额越大，受偿率越高；反之，受偿率越低。即使在重整程序中，这也是投资人判断投资价值的基准核心。毕竟，投资人仅凭重整后的新营运预判价值来参与重整投资的案件，实务中甚少见。因此，管理人对债务人财产状况的调查工作尤为重要，是影响和判断全体债权人债权受偿的主要参数和依据。实务中，有些破产案件中的债务人会梳理并提交财产状况报告给管理人，但债务人有可能隐瞒不报或错报，管理人的职责要求管理人不能依赖债务人提交的财产状况报告，而应当在债务人提交财产状况报告的基础上，勤勉尽责地履行职责，到各主管部门外调和运用多种方式查找验证，务必将债务人现时的资产状况进行完整调查并披露给全体债权人。

在我们团队破产案件经办过程中，财产调查组是必定设置的团队内部分工组别。财产调查组的任务围绕着债务人的一切资产进行，主要包括：债务人财产状况尽调、鲜活易腐等不易保管的财产或者不及时变现价值将严重贬损的财产处置、在途货物资产处置、非债务人财产取回权处置、长投股权处置、应收账款追收、协同处置双务合同的履行或解除事务，以及后续的债务人财产管理和变价工作等。

一、常规债务人财产调查工作

根据《企业破产法》第三十条的规定，破产申请受理时属于债务人的全部财产，以及破产申请受理后至破产程序终结前债务人取得的财产，为债务人财产。虽然学术上仍对债务人财产范围有不同理解，但管理人应当严格按照《企业破产法》的规定，在接管后规范开展债务人财产调查工作，核实债务人财产的具体情况，包括债务人财产、财产权益、合同权益、对外投资和长期股权投资等。

全面核查债务人财产的具体现状，是管理人调查工作的主要目标。在开展这项工作前，管理人应当尽快且尽可能多地了解破产企业经营的历史变更和主要内容，类似前文提及的管理人在初期接案时分析需要开展的网络信息尽调，在接管后，管理人也需要详细查阅债务人提交的文件，分析破产原因，查阅债务人提交的资产报告、债权债务清册，避免可能出现的对债务人财产查漏查缺的情形。我们团队一般采用以下方法进行破产企业的财产调查工作：

1. 债务人主体信息

管理人通过国家企业信用信息公示系统对债务人企业进行基本工商登记事项调查，并且前往债务人企业的工商登记机关，调取债务人企业的全部工商档案，包括债务人企业的历次工商登记变更情况、企业年检情况、审计情况、章程登记、股东备案登记等。此后，应当详细查阅，主要事项包括经营范围、股东信息、企业变更情况及章程、曾用名称、验资报告和审计报告、分支机构及重大投资事项、动产和股权质押登记等。

2. 货币资产

管理人可通过债务人提交的资料确认债务人的基本银行账户以及通过中国人民银行在基本银行账户查询债务人名下的其他银行账户，并前往债务人所有的银行账户开户行查询相应的银行账户情况；根据接管的财产线索、合同履行支付方式进行比对印证，以全面调查债务人的现有货币资产。

3. 不动产

管理人可前往债务人住所地、不动产所在地的规划和自然资源局查询债务人名下的不动产基本情况（不动产查询结果应当包括债务人名下的房屋类不动产、土地使用权登记情况、林权矿权情况）和不动产抵押登记、查封情况。

4. 车辆

管理人可前往机动车登记管理机关查询债务人及其曾用名名下的机动车登记情况，并了解具体登记年限、年审情况，抵押情况、强制险商业险和车船税缴纳情况，以及违章情况。

5. 动产

包括债务人所有的办公设备、运输设备、机械设备、电子设备、存货情况等，管理人应与原债务人具体负责人员沟通，并现场查看核实：动产是否存在融资租赁或浮动抵押情况、是否存在权属瑕疵可能导致主张取回权情形。

6. 无形资产

管理人通过国家官方网页查询债务人名下的著作权、商标、专利情况以及相关经营资质文件情况。另外，虽然目前破产领域法律无法对企业商誉进行评估，但实务中，企业权属下的探矿权、采矿权、特殊经营资质和碳排放权均具有市场交易对价，管理人亦应当通过相关官方渠道进行调查。

7. 证券、债券、保险和基金等权益类财产

管理人可通过相应的国家官方网页进行查询，或前往相关股票交易机构所在地进行核查。

8. 长期投资和应收账款

根据工商档案的调查结果，对债务人对外投资的公司、企业等进行调查，必要时可向人民法院申请对该些公司进行强制清算；根据接管的情况，债务人提供的债权清册以及相关的财务会计凭证、账册等，核实应收账款，了解对外债权的形成原因、形成时间、具体债权内容、债务人的实际经营状况、此前债权催收情况、债权是否已经过人民法院诉讼程序或仲裁机构仲裁程序确认、是否已过诉讼时效以及执行时效、债务履行的基本情况等，并据此资料进行查实。

需要特别提醒的是，勤勉尽职和保障债权人知情权，是考验管理人团队是否称职的重要指标。我们团队在创设初期就起草了相关的财产调查指引文件，并要求全体成员严格执行指引内容，充分运用网络工具，及时将财产调查的内容形成工作留痕记录同步文件，以便团队和债权人查看；指引还规范了调查的记录方式和内容，以便团队能更快地形成第一次债权人会议需提交的财产状况报告，以提高团队经办案件的效率。

二、房地产企业需专门调查的财产内容

债务人财产调查工作是为最终对债务人财产进行管理、变价处置做准备，或者在重整程序中为投资款对应价值的参考评估基础提供依据，以保障债权人利益最大化。相比其他债务人企业，房地产企业一般为项目开发公司，其名下的财产形式常见表现为不动产，如土地和房屋，二者亦对应不同类型，且可能存在多种权利纠纷，需要管理人认真厘清。我们团队在经办过程中，亦涉及各种债务人财产需调查了解清楚的事项，均对后续程序处置债务人财产有较大影响。因此，在此抛砖引玉，将团队经办案件过程中和其他案件的实践经验与各位分享。

1. 项目开发土地事项

开发商在土地开发建设中，比较常见的就是新设立有限责任公司开发管理运营，即项目公司，因此，项目公司名下的土地是债务人企业重要的财产，管理人应当认真调查项目土地的属性、用途、规划指标等内容，以便于后续债务人财产的变价处置。（见表9）

表9　项目开发证照调查表

序号	证照文件	备注
		《国有土地使用证》
1	土地使用证及他项权证	了解项目土地权属、抵押权
2	《建设项目选址意见书》	项目土地批准的用地性质、规划参数意见，核查并了解是否存在更改的可能性
3	建设用地批准书	项目用地审批内容，查看是否存在土地闲置情形
4	四至红线图	查看项目土地实际四至，是否存在相邻权纠纷情形
5	《土地出让合同》	查看项目土地的出让条件和约定面积，可能存在变更或退让的情形
6	土地出让金及契税发票	核查项目土地出让金是否足额缴交，是否涉及补缴情形
7	土地分割转让文件	查看土地分割和转让的具体内容，是否存在规划指标调整情形和分宗、并宗情形
		《建设用地规划许可证》
8	建设用地规划许可证	不同地区该证与土地使用证发放顺序不同，查看证载具体内容
9	规划审核意见书	查看项目土地的规划具体审批条件，主要为容积率、绿化率、人防规定、道路和公共设施配套等
10	总平面图	查看项目土地地块分布与周边环境

　　不同的房地产开发项目所遇到的情况均有不同之处，该项目开发证照调查表的内容是管理人应调查的较常见内容，主要包括但不限于：未依约支付土地出让金，影响财产权属或增加破产费用；未查明具体建筑是否符合原规划审核意见，施工现状与之不相符，导致无法确权变价；土地因多种原因分割，但分割后土地与目前土地确权规范不一致，需要土地分宗并宗，将影响各土地权属人的合法权益。土地用地规划指标出于历史原因发生调整，导致债务人财产减损或影响总建筑体量。

房地产开发企业破产案件中，除上述较常见内容外，管理人团队还需注意一些历史遗留原因导致的特殊财产情况。例如，在本案中，经过团队认真核查，发现其中一块仍登记在债务人名下的土地，面积仅有 3000 多平方米，规划用途为园林且被其他土地四面包围，继续开发建设难度较大，就是由于债务人经营过程中将该土地周围土地使用权转让或被司法拍卖，而转让单一证照土地时仅转让大部分面积而出现的情形；另外一宗土地，由于原属于债务人名下的土地被司法拍卖以物抵债，该土地上原规划的两栋楼宇，因土地使用权转让因素，其中一栋楼宇跨在相邻土地红线中间，出现相邻权纠纷。

对于这一类特殊财产，建议管理人团队指派专门成员进行调查，以房地产项目竣工备案和确权办证为最终目的，仔细调取和排查相关文件资料和各种现行规范，倒推原项目施工进程和文件是否能依法竣工备案和确权。并运用府院联动机制，与政府各主管部门对接，沟通并了解这一类特殊财产的具体解决办法及实施路径和备选方案，这样才能有效地完成房地产项目竣工备案和确权的工作；穷尽救济途径也无法完成的，也可以促使团队提前思考对该财产如何变价处置，为团队经办该案件节省时间。

2. 已销售房屋和未销售房屋情况

除了土地，房屋也是破产房地产企业的主要财产。而在目前法律规定下，消费者购房债权优先于工程价款优先债权，故管理人在财产调查工作中，必须调查清楚现有房屋中销售房屋和未销售房屋的具体数据和资料，包括但不限于购房人、房号、面积、购房价款、已付定金和购房款等。管理人接管后，应当第一时间结合债务人提交的债权清册、销控表、房屋销售合同，前往不动产登记中心调查，并根据债权申报材料进行调整，务求尽快梳理出事实数据，以便于后续的财产管理和变价工作。

本案中，我们团队收获的经验是，根据债务人原有的销控表不断扩表，将不动产登记中心调取的内容和债权申报材料中的内容添加到销控表中，对重要指标进行标示描红，并最终根据债权审核结果形成购房债权表。这样的方式，在已知债权人通知、债权审核、财产管理和财产变价工作中，有利于提高管理人的工作效率。

3. 在建上盖建筑物的具体情况

大多数房地产开发企业均系资金链断裂导致破产，而常见情形就是由于资金链断裂出现的烂尾停工现象。从债务人财产及时变价和债权人利益最大化原则角度出发，最优的财产管理方案一般为续建。因此，管理人在接管后，应当第一时间了解开发项目是否为初始登记，也就是大确权。若是开发项目并未初始登记，则债务人财产中涉及在建楼宇，就需要预判和分析如何进行续建，以及续建的工程内容、工程量及预算工程价款。而处理续建工作的前提，是管理人详尽地了解并掌握在建楼宇的施工现状，这也是房地产开发企业特别调查的财产内容。根据我们团队经办房地产开发企业破产案件的经验，一般应按表（见表10）进行调查：

表 10　破产房地产企业项目资料表

序号	证照文件	备注
	《建设工程规划许可证》	
1	修建性详细规划文件	报建材料
2	项目消防设计审核意见	消防设计
3	项目人防设计审核意见	人防设计
4	设计方案	功能、用途设计
5	分层面积表	可能存在违建、共建
6	拆迁方案及相关材料	是否有拆迁权利未处置
7	各单体建筑施工图	可能存在改建
8	各项工程施工图纸（桩基工程）	可能存在改建
9	管线综合审查文件	可能存在改建
	《建筑工程施工许可证》	
10	"三通一平"相关文件	是否有共建道路
11	项目建设发包、承包总合同和各专业工程合同	各发包合同内容
12	监理合同	监理单位
13	散装水泥及新型墙体材料基金材料	是否上交
14	《房屋拆迁许可证》	拆迁手续

续表

序号	证照文件	备注
《商品房预售许可证》		
15	商品房预售许可证	预售面积、时间
16	房屋面积预测报告	是否存在面积不符
17	商品房网售合同登记表	已售房屋备案情况
18	分层平面图和分户面积预测图	用途调整或房屋置换
19	商品房预售合同	合同内容和交付条件
20	前期物业服务合同	服务内容及物业服务费标准
21	公共配套面积表和拆迁保留预售面积表	可处置资产的例外情形
《竣工验收备案证》		
22	工程竣工验收报告	大确权条件
23	消防、人防、安防、环保、防雷、绿化和管网相关合同文件和验收意见	专业施工的进度
24	基金、保证金返退情况	是否有退还、补缴等情形

（1）管理人团队应指派具有建筑基本知识的成员负责该专项财产调查；（2）充分运用府院机制，积极与住建主管部门和不动产登记中心沟通联系，了解并倒查续建和确权办证的程序资料及施工内容；（3）建议留用债务人原负责建筑施工的职工，以便更快梳理和推进该项调查工作；（4）联系工程款债权申报信息，并与工程款债权人沟通，尽快掌握施工进度和相关信息资料。

三、破产房地产企业常见财产调查难点

房地产项目从立项拿地到建设销售，常规情形下开发周期为三到五年，中间涉及的开发流程和建筑事项诸多；而破产房地产企业因资金问题，经常出现停工复工现象，非常规情形更突出。而且，每一个项目开发的情形也不尽相同，这都给管理人的财产调查工作增加了极大的难度。

本案件在续建和确权办证过程中，我们团队亦发现最初的财产状况报告有不少遗漏的内容，是财产调查的难点，直接影响本项目续建施工和确权办证。主要

有以下几种情形:

1. 项目土地开发过程中的规划条件限制或调整。个别项目土地开发过程中,原开发商与土地部门有文件约定,不得改变全部或某方面的规划条件。未查明该事项将直接影响后续工程的施工,亦将影响确权办证。这一类的规划文件,管理人仅调取相应的土地开发规划指标文件,是无法了解的,而疏漏了该类财产信息,将直接影响项目的续建和竣工备案。因此,建议管理人首先与自规局和住建局取得联系,调取有关项目的全部文件,并进行排查梳理,确保摸查清楚该类难点;发现难点问题的,及时向相关部门咨询,了解在现行有效建筑规范下的解决方案。

2. 项目开发过程中,因施工管理不规范,出现必需工程未施工、隐蔽工程未完善记录或施工文件缺失等情形,均导致无法确权。这类难点,在中小型房地产开发项目中比较常见。管理人仍需通过项目竣工备案的倒推办法,结合原设计报建内容梳理是否存在这类难点。发现问题的,可向原施工方了解是否有解决方案;若原施工方未能解决的,可向住建部门了解是否有可行方案。

3. 消防工程未完工或存在不符合现行消防规范。人防工程未明确具体施工范围,供电配电设施不符合现行规范等情形,均影响项目确权。部分房地产项目开发周期过长,而国家对消防规范和人防规范已进行多次更新调整,往往原有的工程施工内容仅符合当时的规范,不符合现行有效的规范。这类难点,管理人可提前与原消防或人防施工单位进行沟通,了解项目现有消防或人防工程的现状,是否符合现有规范且可保证验收通过。如果不符合,还需与其沟通调整的事项和工作量等内容。

4. 可能存在违建超建、影响债权人利益的情形。对于这类常见难点,管理人可通过比对原有的报建图纸、排查行政处罚文书和问询项目管理团队成员、原施工方等方式开展调查。若发现难点,应当征询住建部门的解决意见,并与设计、施工单位进行沟通具体解决方案。

5. 项目因停工时间过长,建筑质量发生变化,存在需要修复或重建的情形。这类情况在房地产项目中比较常见。管理人在调查该类难点的过程中,应注意与评估部门和鉴定部门充分沟通,区分各主体责任,问询债务人项目管理团队,排查梳理。发现难点问题的,应严格比对原有报建图纸和购房合同的交付条件,与原施工方或续建方沟通解决方案。

6. 因建设时间过长，原有建设规范与现时建设规范不一致，导致需调整规划。本案件中，因消防规范调整，出现消防设施占用规划车位的情形。

7. 因公司经营过程中财务不规范，具有各种以物抵债和优惠补贴折价的情形，出现销控表与实际销售面积、销售房款不相符等问题，影响债务人财产价值总额。

当然，每个项目存在的问题都不尽相同，例如个别项目具有拆迁回迁预留面积、规划指标调整等情形，且管理人缺乏建筑专业知识，对于管理人执行其职务是极大的挑战。故此，建议如果案件情况允许，我们团队建议还是通过债权人会议表决相关财产管理具体方案，在住建部门等相关主管部门府院机制协调下，尽可能委托有建筑资质的第三方公司进行摸查，并进行续建施工。

四、应收账款的财产调查

债务人财产范围调查难点包括应收账款，特别是在房地产企业破产案件中，应收账款调查也是管理人开展财产调查的重要工作，直接影响债权受偿率。因此也就此内容分享一下团队的经验。房地产企业破产案件大多系资金链断裂引发，房屋作为存货是其销售的主要商品，而开发商在越发严格的法律规定下，理论上应当较少发生应收账款未收的情形。但由于部分中小型开发商，其股东投入的投资款较低（与项目总投资体量不匹配），故常见的情形是开发商的股东为抽离投资款，出现各种非常规支付行为，财务上累年挂账，出现应收未收账款情形。根据《企业破产法》第十七条和第二十五条的规定，管理人有职责追收债务人财产。因此，追收债务人财产前对相关应收账款的调查，亦是债务人财产调查的重点内容，应收账款追回的款项，直接影响债权分配。

但由于债务人经营期限过长，且管理和财务不规范，这一工作对管理人亦是极大的挑战。我们团队在总结过往案件经验后，就管理人如何勤勉尽责地追收债务人财产展开调查工作，主要工作流程如下：

（1）根据债务人提交的债权债务清册，之前的财务审计报告等，梳理并核查相关的合同资料和财务资料；

（2）依法向法律规定需备案登记主管机关或管辖法院，发函调取应收账款发生依据的原始资料；

（3）向对方当事人发具询证函，了解对方当事人就应收账款的回复和证据材料；

（4）向银行机构函调该笔应收账款的往来凭证；

（5）委托审计单位就该笔应收账款进行审计，并根据审计结果进行分析。若审计报告发现其他应收账款的，重复上述流程。

管理人履行上述流程工作后，进行法律分析，并就未能追收的应收账款提交报告给债权人会议。

以上是笔者对管理人进行债务人财产调查的个人见解，仅供大家参考。还有债务人的长期投资，亦是债务人财产调查的主要内容，篇幅原因，本文不再论及。因债务人可能涉及各种行业，每个行业需要财产调查的内容也不尽相同，管理人除需掌握调查的方法，建议还是多了解一下行业的特点，从而全面地了解调查债务人财产，以保障债权全面受偿。值得特别提示的是，重整案件中，管理人还要尽可能预判和了解投资人的投资要求，将债务人财产状况尽可能完整地披露，以便重整计划草案的起草和表决通过。

第六篇　管理人合同解除选择权

管理人接管的内容之一包括原债务人的重大合同，是为梳理债权关系和处理未完合同做准备。《企业破产法》第十八条规定："人民法院受理破产申请后，管理人对破产申请受理前成立而债务人和对方当事人均未履行完毕的合同有权决定解除或者继续履行，并通知对方当事人。管理人自破产申请受理之日起 2 个月内未通知对方当事人，或者自收到对方当事人催告之日起三十日内未答复的，视为解除合同。管理人决定继续履行合同的，对方当事人应当履行；但是，对方当事人有权要求管理人提供担保。管理人不提供担保的，视为解除合同。"因此，管理人需勤勉尽责履行职责，在法定时间内梳理好债务人相关的合同，本着债权最大化原则和根据实际情况决定是否解除合同，并在第一次债权人会议提交披露报告。

管理人合同履行/解除选择权不仅需要管理人勤勉尽责履行，还需要管理人考虑对案件的综合预判、合同标的是否企业重整财产范围、是否对债务人财产增值或造成扩大影响等因素，在征询合同主体的意见后，结合案件特点进行履职。管理人是否正确适时地行使法定的合同履行/解除选择权，对于债务人财产是否保值或增值具有十分重要的意义。因此，根据法律规定的期限，在案件受理后第一次债权人会议前，管理人应当及时适当行使合同履行/解除选择权，故笔者亦将该部分内容并入案件前期实施阶段的章节。

不同的债务人企业具有不同的经营范围，管理人履行该权利时所对应的重大双务合同内容及特点亦不尽相同。本篇仍是围绕房地产开发企业经常遇到的情形进行分析，以下主要结合本案件的履职过程进行内容分享，希望抛砖引玉，对管理人在房地产开发企业破产案件中如何行使合同履行/解除选择权，提供参考和工作指引。

该企业作为房地产开发企业，其必然有未履行完毕的合同需要管理人依法处理。我们团队把接管到的合同进行分类，指派固定团队成员进行梳理，就合同的性质和效力、标的金额、签订时间、履行程度、违约责任和关联重要性进行分析，并与债权审核规则一并提交团队内部会议进行讨论。这个方式既可以让团队理解未完合同处理与债权审核之间的关系和共同事实基础，也提高了处理的效率。将合同解除选择权与债权审核标准共同进行分析讨论，是我们团队在实务中总结出来的经验，因为这两项工作都十分重要，统领总纲，对案件最终的处理结果、可行性预判和效率都有重大影响。《企业破产法》虽然赋予管理人对未履行完毕合同有很大的选择权，但权限过大亦伴随着很大的风险；实务中，经常出现管理人不当使用合同解除权给相对方造成重大损失的情形，所以管理人必须十分谨慎。下面介绍一下我们团队在讨论该项目合同解除权的一些内容和经验。

一、合同解除选择权的适用范围和原则

根据《企业破产法》第十八条的规定，管理人有权决定解除或者继续履行的合同，仅是债务人和对方当事人均未履行完毕的双务合同。具体表现为：

1. 管理人决定解除的合同应是合法成立且有效的合同

无效合同自始无效，应按照法律关于无效合同的处理原则进行处理。

2. 管理人决定解除的合同应仅限于在破产申请受理前成立而债务人和对方当事人均未履行完毕的合同

这是管理人行使合同解除选择权的法定前提条件。未履行完毕的合同包括双方均未履行的合同、双方均未部分履行的合同以及一方部分履行且另一方未履行的合同。如果合同一方已经履行完毕合同主要义务，管理人原则上无权解除。

3. 决定解除的合同确已不具备继续履行的条件

债务人进入破产程序后因其行为能力受限，客观上存在丧失继续履行合同的能力和条件的可能。

4. 继续履行合同将可能造成债务人财产大幅贬损

在公平清理债权债务的前提下，有效提高全体债权人的受偿率，即债权最大化，是管理人追求的目标。所以，管理人应审慎行使解除权，避免作出可能导致债务人财产贬损、降低债务清偿率的行为。

从上述情形可见，有效的待履行的双务合同，是《企业破产法》赋予管理人合同解除权的适用范围。虽然法律没有就此对管理人合同解除权作出限制，但管理人作为破产程序执行事务人员，应审慎适用该权利，并充分认识和理解其适用的原则。我国著名学者王欣新教授认为，管理人决定解除或者继续履行合同，应当以保障债权人权益最大化为基本原则，同时应考虑到对方当事人因合同解除而可能提出的损害赔偿额，综合权衡利弊来决定。债权人权益最大化是管理人决定解除或继续履行合同应遵循的基本原则，实务中，需要管理人通过其综合能力去权衡利弊，包括合同解除或继续履行对债务人财产的影响，解除合同面临的损害赔偿请求权和后期债务人财产处分收益预测的比较，合同继续履行是否重整所必需条件，等等。

下面仍以本案件为例，详述一下我们团队在经办中遇到的几类需要选择合同解除权的情形。

二、建设工程类合同的继续履行或解除情形

该项目与其他破产房地产企业项目所遭遇的境况大致一样，均是资金链断裂导致项目停工，从而进入破产程序。我们团队接管后，经过调查和现场走访了解到，该项目已建成楼宇六栋、销售中心、地下室车位和商铺，尚有两块未开发土

地；并且该六栋楼宇中有四栋已综合验收并交付给购房人，但未确权办证；有两栋楼宇还有部分剩余工程停工未综合验收；并且，已销售房屋超 600 套。因此，项目续建完成是管理人的首期目标，只有续建完毕并完成确权办证，已售房屋才能依法交付并过户给购房债权人，剩余未销售房屋才能更好、更快处理，债务人资产优化，才能充分保障债权人最大化权益。

在我国有关管理人的规定中，管理人大多数来自律师事务所和会计师事务所，均非建筑专业人员。而房地产开发项目涉及施工类别种类繁多，专业技术强，涉及部门规范较多，且部门规范因开发周期过长已多次调整，故管理人要面临极高的工作挑战。但因市场因素和国家政策调控等原因，近年来房地产开发企业破产案件直线上升，也要求管理人快速掌握基本的开发流程和了解各种施工内容。我们团队在实务中，总结出以下一套工作方法，使得团队的工作效率大大提高。

1. 接管工作中，特别留意并梳理工程类合同，区分未完工程和竣工验收工程

债务人与施工方签订的工程施工合同均为双务合同，管理人需要尽快梳理各项具体工程的工程范围和内容、施工进度、竣工验收和结算情况、工程款支付情况等。同时还要考虑合同的合法性，是否由施工方直接与债务人签订的施工合同是否存在分包或转包以及工程价款是否具备优先受偿权等因素。

2. 向债务人的法定代表人、财务负责人和具体工程类管理人员进行谈话，制作询问笔录，充分了解各类别施工合同的具体情况

债务人原经营人员和负责人员，作为一直从事项目开发建设商的工作人员，对工程的了解程度，相比于管理人具有天然的优势，因此，管理人需要认真听取债务人上述人员对施工合同履行的各种情况的介绍，以及是否存在工程质量瑕疵等一系列问题的反馈。

3. 向规划部门、住建部门和不动产登记中心等行政管理部门了解相关情况

包括项目目前施工备案进度、咨询项目综合验收和确权办证现有备案材料以及哪些工程是项目综合验收和确权办证所必需实施的工程，还需要提前了解施工方变更的各项行政备案审批手续和续建复工所需的证照审批条件。

4. 梳理各项工程的施工日志，并向监理单位核实工程进度

房地产企业破产案件中，大部分工程施工方已进场施工，往往是因为拖欠工程款而停工。因此，管理人需要核实工程进度以及工程款支付情况，从而为工程款债权的审核工作和续建谈判工作提前作准备。

5. 和续建施工单位召开会议，充分沟通释法，了解其诉求并征询施工单位的续建意向

由于涉案单位停工多年和市场因素影响，续建施工方基于各种原因，并非全部施工方都同意续建，管理人需要及时了解其意愿，续建的报价、难点和障碍。

按照上述办法完成流程工作内容后，我们团队对本项目的续建工作有了进一步了解，也掌握了更多的数据和材料，对于续建工程的种类、必要性、工程进度，拖欠工程款金额及法定受偿顺位、后续工程价格，各类工程的施工次序和后续施工期限，都形成初步的观感，有利于我们团队对建设工程类双务合同解除或者继续履行进行判断和权衡。

实务中，我们团队建议管理人综合考量并权衡上述因素，以及可供续建的资金数量和来源，以加快完成续建工作为出发点，以继续履行建设类合同为主，审慎适用解除合同为辅。因为解除该类双务建设工程合同，涉及工程款债权审核确认、工程质量责任主体的变更、行政手续的更替，以及变更施工单位的公开流程等多样不可控因素，将极大延长续建完工的周期，故应当优先考虑由原施工单位完成续建，继续履行双方签订的施工合同。除非原施工方对续建条件提出超出合法、合理范围外的要求，管理人需要勤勉尽责地与施工单位充分沟通，通过谈判争取最优的续建施工方案，减少续建成本，保障全体债权人的合法利益。本项目中，我们团队经过反复工作努力，继续履行原签订施工合同，适当合理增加因人工上和材料上涨而产生的工程价款，通过签订续建补充协议，最终达到顺利续建复工的结果。

三、商品房买卖合同的继续履行或解除情形

本项目与其他房地产企业破产项目一样，在破产申请受理后，仍有大量商品房买卖合同尚未履行完毕，需要管理人依法处理。需要处理的商品房买卖合同的类别有：按照合同标的用途，可分为住宅、公寓、商铺、车位等；按照房屋交付情况，可分为房屋已交付和房屋未交付；按照购房款支付情况，可分为已支付全部购房款、支付大部分购房款和支付小部分购房款或购房定金等；按照登记情

况，可分为合同已备案登记和合同未备案登记。

房地产企业破产案件中，购房债权人通常数量众多，破产申请受理日前一般会出现业主维权事件。管理人对其购房债权如何依法审核，以及对购房合同如何处理，都将影响购房债权人权益，有可能会激化矛盾，容易诱发群体性动荡事件。因此，管理人在对待上述问题时应当审慎处理，并依靠数据做好预判。在本篇开头已提过，我们团队是将债权审核规则和未完合同处理事项同时讨论的，这样有利于管理人细化工作内容。本案件中，已签订合同、支付大部分房款且已备案登记或已交付的购房债权，法律有明确的规定指引可供管理人执行，具体详见后文债权审核部分。但对于只支付小部分购房款且房屋未交付的购房债权，管理人如何处置，是继续履行债务人与购房人签订的商品买卖合同，抑或是依法审核债权后以债务人财产按顺位受偿，需要管理人综合多种因素考量。以下是我们团队在结合本案件的案情和与债权审核规则一致的基础上，就此问题形成的讨论方案：

1. 继续履行商品房买卖合同的法律依据

根据《企业破产法》和《最高人民法院关于人民法院办理执行异议和复议案件若干问题的规定》第二十八条、第二十九条、第三十条的规定，参考最高法院（2017）最高法民申 3088 号和（2018）最高法民申 5297 号判决，只有符合《关于人民法院办理执行异议和复议案件若干问题的规定》第二十八条、第二十九条规定的，方能主张对具体不动产的物权或准物权。符合上述规定的这一类的购房债权，部分学者主张，管理人不具有合同解除权。而对于只支付了小部分购房款且并未交付使用的购房债权，法理上仍属于双务未履行合同，管理人可依据《企业破产法》第十八条继续履行，而根据《广东省高级人民法院关于审理企业破产案件若干问题的指引》第一百一十一条、第一百一十二条的规定，管理人应基于保障购房债权人的生存权和物权期待权权益的指导精神，团队认为：管理人通过继续履行合同满足购房债权人诉求，并未违反《企业破产法》第一百一十三条的规定。

2. 继续履行商品房买卖合同的范围

本项目中，考虑到该地区目前平均房价，房地产政策，以及高效地实现债务人财产最大化原则，团队考虑是否可以将全部未履行完毕的双务合同范围，包括商铺、住宅、车位等，均继续履行，避免案件处理周期过长和破产拍卖的财产大幅贬损情形发生。

3. 继续履行商品房买卖合同与债权审核标准是否一致

本项目中，因历年中已销售多次，存在不同的买卖合同情形，包括定金、预售款、网络销售抵扣款、按揭贷款、迟延交付违约金、迟延办证违约金和违约金抵扣管理费、车位款协议等，对于前述情形，管理人应充分考虑到该类双务未履行合同中，若继续履行合同，则其涉及各种行为的合法认定，应当与债权审核标准相一致，否则，仍然会出现购房债权人对不同处理方式的不满，以及对管理人执行破产职务的抵制，不利于整个破产程序的合法推进。

4. 继续履行商品房买卖合同与解除合同在实现债务人财产最大化的差异比较

团队在讨论时，应考虑到在该类双务未履行合同中，若购房债权人主张退房，那么其债权如何受偿，以及受偿顺位的问题，以保障继续履行合同的购房债权人和要求退房的购房债权人在财产处理中合法权益是一致的。

5. 继续履行商品房买卖合同的实施程序

虽然本案件购房债权人众多，且占全体债权人大多数，但毕竟继续履行合同涉及其他债权人的合法利益。为了充分保障全体债权人利益，并且尽快推进房屋续建工作，团队经过讨论，仍将该处理方案以管理人财产管理方案方式提交债权人会议审核。经过充分的说明和释疑，得到了全体债权人的一致认同，并最终通过了上述方案。这样，管理人依照债权人会议通过的财产管理方案继续履行合同、执行职务，就没有法律障碍。虽然每一件破产案件均有其特殊性，但我们团队建议，遵循债权人会议决策的法律程序，在全体债权人合法表决后，实施上述行为。

四、其他双务合同的继续履行或解除情形

本案件作为房地产企业破产案件，涉及的双务合同主要为以上两种，其他类型比较少见，但仍然碰到未开发场地租赁合同、现有设施承包经营合同，还有诉讼案件委托代理合同。得益于接管工作中对未完重大合同文件的梳理，我们团队在处理上述双务未履行完毕合同过程中，综合研判了继续履行合同与解除合同的优劣，审查双务合同并比较解除合同需要支付的违约损失，以及继续履行合同对

于后期财产处置的实际障碍等因素，围绕上述原则讨论是否继续履行合同或解除合同，依法在法定期限内完成了这该工作，也为整个案件有序推进夯实了基础。

第七篇　审计和评估

管理人接管到债务人的财产和财务账册后，首先是工作记录留痕并对工作进行梳理，接着就是进行审计和财产评估工作。债务人的资产和负债，是贯穿整个破产程序的两条主轴线，而第三方资质机构出具的审计报告和评估报告是破产程序中极为重要的参考依据文件，是管理人后续执行职务的重要一环。《企业破产法》虽未规定评估和审计工作的始止期限，但管理人实务中尽早处理该项事务肯定有利于破产案件的推进，提高效率。一般都是在第一次债权人会议前实施，部分重大疑难案件也会经第一次债权人会议表决相关审计和评估方案后实施。

一、资产评估和财务审计的程序操作

一般案件中，管理人可采取以下两种方式选定评估机构和审计机构：

（1）管理人可以采用自主决定、摇珠或者公开招募等方式选聘审计和评估机构。审计和评估机构的选聘过程和结果应当遵循公开、公平、公正的原则。

（2）管理人自主选聘审计和评估机构的，可以同时选聘备选机构；管理人通过摇珠或者公开招募方式选聘审计和评估机构的，应当同时选聘备选机构。

我们团队一般在选定机构前，均根据广东省高级人民法院粤高法发〔2019〕6号文第105条规定，涉及拍卖、审计、评估的机构选任、操作规则等事项，由管理人提出方案，交债权人会议决定。债权人会议无法形成有效决议的，参照执行程序有关拍卖、审计和评估的规定执行。第一次债权人会议之前，确有必要开展拍卖、审计、评估事项的，管理人可以依据公开、公平、公正的原则提出方案，报人民法院批准后执行。管理人自主决定、摇珠或者公开招募等方式选定机构，一般均应在受理法院当地入库有资质机构中选取。

管理人应提前拟订好相关选任审计机构的方案，包括但不限于案件基础情况、审计期限、条件要求和遴选标准等内容（附团队关于选任审计机构方案文本样式），以更好地推进审计工作。

公开选定机构后，管理人应及时联系沟通，现场查看需评估和审计标的物或材料，然后沟通报告主要内容和专项内容，并签订委托合同。个别情况下，还需与选定机构约定委托费用的支付方式和期限。

关于选任审计机构的方案

（2020）甲破管字第××号

肇庆市鼎湖区人民法院：

2020 年×月×日，肇庆市鼎湖区人民法院作出（2020）粤××破申×××号生效民事裁定书，裁定受理××××对肇庆市甲投资公司的破产清算申请。2020 年×月×日，肇庆市鼎湖区人民法院作出（2020）粤××破×××号《指定管理人决定书》，依法指定广东金桥百信律师事务所担任肇庆市甲投资公司管理人（本管理人），负责人为刘某根，全面负责该公司破产清算事务。

管理人接受指定后，目前已基本完成了对债务人财务资料的接管工作（详见附件：财务资料交接清单）。为尽快推进本案件清算程序，提高办案效率，管理人拟尽快委托会计审计机构开展对债务人的会计账簿、记账凭证、财务报表等财务资料的财务状况专项审计工作。

根据《广东省高级人民法院关于审理企业破产案件若干问题的指引》第一百零五条之规定，涉及拍卖、审计、评估的机构选任、操作规则等事项，由管理人提出方案，交债权人会议决定。债权人会议无法形成有效决议的，参照执行程序有关拍卖、审计和评估的规定执行。第一次债权人会议之前，确有必要开展拍卖、审计、评估事项的，管理人可以依据公开、公平、公正的原则提出方案，报人民法院批准后执行。管理人认为，考虑到本案的第一次债权人会议定于 2020 年×月××日召开，距今仍有一段时间，且本案预估的审计工作量较大，审计机构需要一定时间进行审计工作，而审计报告系管理人进行债权审查、对债务人的财产调查、对外债权清收等工作的重要参考；若将选任审计机构的方案推延至第一次债权人会议中，交由债权人会议表决决定，会对本案破产清算程序造成一定的拖延。此外，为合理降低本案的审计费用，维护广大债权人的合法权益，管理人需要确定合理的方式和一定的时间对本案的审计机构进行选任。因此管理人认为，本案的审计机构选任、操作规则等事项确有必要在第一次债权人会议之前进行。综上，为依法高效推进本案的清算程序，管理人特向贵院作出本案审计机构选任、操作规则的方案：

一、依据公开、公平、公正的原则，管理人拟优先向贵院申请通过摇珠的方式，选取本案的审计机构及备选机构。

管理人拟首先向贵院申请通过摇珠方式，选取本案的审计机构及备选机构，由所摇中的审计机构就本案审计事项向管理人报价，管理人将选取报价较低的机构为本案审计机构，二者报价相同的情况下，管理人将选取正选机构为本案审计机构。

二、若摇珠选取的审计机构及备选机构报价均过分高于市场价格，管理人可拟另行采用招投标竞聘的方式选聘会计审计机构，以保证债务人财产的价值最大化。

若管理人经与普遍市场价格进行比对，发现摇珠选取的审计机构报价过分高于市场价格，或其报价系有关部门确定的审计事务收费标准的顶格价格，为保障本案各债权人的合法权益，合理降低审计费用，管理人将拟另行采用招投标竞聘的方式选取报价较低的机构为本案审计机构。

望贵院予以批准！

此致

肇庆市甲投资公司管理人
负责人：刘某根
二〇二〇年××月××日

二、债务人财产评估的主要内容和难点

债务人财产评估是破产程序中的重要组成部分，用来确定破产企业财产现价，为财产变现价格提供重要的法律参考依据。评估过程中，需要考虑的价格因素包括但不限于资产的原价、折旧价，或可变现价。若财产价格评估估价过高，将会给资产变现造成困难，出现多轮流拍情形，影响破产案件办案效率；相反，

会导致实际变价款可能远低于财产实际市场价值，损害全体债权人的权益。

债务人财产评估报告依法选定第三方具有资质的评估机构出具，但为了保障全体债权人权益和保证公平性，在保障程序公平公正的前提下，管理人还要考虑到债务人财产后续处置的方式，与评估机构协商评估的主要方法。一般评估方法有三种：固定成本重置法、市场比较法和收益法。在选择何种方式进行评估，在充分协商后，管理人需要对不同财产类别、市场预期、投资人意愿，处置结果预判进行分析，在委托评估时明确具体评估事项。

实务中，委托评估常见的主要有以下内容：

1. 确定债务人资产评估的基准日

通常以人民法院裁定受理破产申请日为债务人资产评估的基准日。

2. 债务人资产评估的范围

主要是可供分配资产，指破产申请受理时属于债务人的全部财产，以及破产申请受理后至破产程序终结前债务人取得的财产，包括：存款、现金；土地使用权、房屋等不动产；交通运输工具、机器设备、产品、原材料等动产；股权、投资权益、基金份额、信托受益权、知识产权等财产性权利；等等。

3. 不可分配资产

包括债务人的待处理财产损失、待摊费用及递延资产等，这部分资产虽然在企业资产总额中体现，但因权利瑕疵或法律规定暂无法处置。

4. 资产评估报告的撰写与提供，报告出具的期限

评估机构在完成债务人资产的评估后，应及时撰写评估报告和说明。考虑到破产效率因素，委托评估工作中应约定评估期限，以便管理人依法完成评估事项。

5. 参加债权人会议，接受债权人的询问

法律规定，参与评估的主要人员应参加债权人会议，对评估标准、评估方法、重要评估项目等有关情况进行汇报，并对债权人的询问作出解释。

资产评估中，经常会碰到各式各样的难题，有时候评估专业人员也无法确定如何确定其依据和标准，需要管理人与之保持良好沟通，公正、公平地处理。特别是房地产开发企业破产案件，面临问题比较复杂。以下是我们团队在评估中遇到的几种难点情形。

（一）对违章建筑的评估价值如何认定

房地产开发企业将杠杆资金用于项目开发，资金成本过高，往往急于项目开发。因此，我们经办的案件当中，债务人企业在招商引资或其他招拍挂土地后，利用监管不严先建后批，或不按照土地和建设规划进行开发建设，一旦出现审批或验收无法通过的情形，便进入烂尾状态。碰到该类情形，评估机构如果按照评估法的行业标准，仅考虑建设成本、审计报告审计的建设成本，其评估价值往往高于实际价值，特别是尚未封顶或刚出地面的楼宇，更改规划的可能性不大，拆除又需要大笔支出，管理人在处置或拆除时，所谓价值将远低于其评估价值，甚至出现"评估负值"现象，造成多轮流拍的情况。因此，管理人应当在评估时与评估机构保持充分沟通，明确按照违章建筑的评估依据处理，使其评估价值能够更加公允反映建筑物的实际市场价值。

（二）工程造价对施工图纸不规范的具体处理

部分问题楼盘因历史原因未能竣工备案，但按照现时的《建筑工程施工质量验收统一标准》却不能达到验收标准，其实际造价常因施工文件不规范或未完整保存，无法分析其建设成本，而施工单位仍在提起工程价款优先债权诉讼。实务中，常存在施工单位部分工程个别分包情形，其实际施工方未严格按照规划图纸施工，一般需要进行质量鉴定报告对施工工程进行质量分析，该质量分析又对债权的认定产生影响，需要管理人在债权确认前，提前与申报债权方进行充分沟通，建议由双方选定认可的造价机构并向法院报告后进行造价鉴定，避免债权申报人因实际施工成本数额和工程造价评估金额差距较大，导致债权确认久拖不决，影响评估进程与破产进度。该案件中，其预售处原规划为幼儿园，却并未按图施工，后续处理给管理人亦制造了很大难点。

（三）快速变现价格

国家对房地产政策的调控和全球经济下行的趋势，导致房地产开发企业纷纷爆雷，市场上购房人的观望情绪日益严重。若评估机构按之前市场环境的评估价值，经常遇到多轮甚至数十轮的流拍情形，这对实际购房人的心态造成较大的影响，拍卖价格越看越跌，容易引起恶性循环。考虑到案件处理时间过长会造成债权及时受偿的资金成本增加，亦需考虑结案时间以及其对营商环境指标的影响，管理人可以在当时实际成交价的基础上，与评估机构协商债务人资产快速变现的价格。评估机构作为第三方有资质评估机构，可依照评估依据可以出具相关报告，内容可涵盖提供有关快速变现的参考价格依据。但管理人在变价时，仍应有自己的团队考量案件综合因素进行判断，明确是否适用快速变现，并且应当在变价方案中对此进行重点披露和说明，以便债权人会议作出正确的判断并对提交方案进行审核表决。

（四）应收账款和长期股权投资的评估

大多数破产案件中，会存在应收账款和长期股权投资的情形。而应收账款需考虑账龄、合同依据和相关文件、付款方现状情况和审计情况等进行综合判断，长期股权投资中即使是债务人全资控股或实际控股的被投资企业，均较难对现时被投资企业的实际估值进行准确的评估判断。因此，管理人亦需与评估机构进行沟通，让其提出合适的评估参考依据，并提交给债权人会议审核和参考，以便债权人会议授权管理人后续变价处置。

三、审计工作应注意内容和难点

根据《注册会计师承办企业破产案件相关业务指南（试行）》（会协〔2008〕1号）第五十九条规定："注册会计师可以接受管理人委托，提供会计、审计、咨询等相关专业服务。包括但不限于：（一）对破产申请受理日债务人的资产、负债、所有者权益进行清算审计，出具清算审计报告；（二）对清算期间的财务报表进行审计，出具清算审计报告；（三）对清算终结日债务人、破产人的资产状况、财务收支情况、财产分配情况进行审计，出具清算审计报告；（四）进行其他专项审计，并出具审计报告"。审计报告是管理人后续破产工作的重要执行参考依据，所以，其内容很关键。

（一）审计报告内容

1. 所有者权益和负债比率

该方面内容主要用于判断债务人企业是否资不抵债，包括但不限于审计核实后的截止破产申请受理日的企业总资产及其构成、企业总负债及其构成；资产负债比、是否资不抵债的结论性意见等。

2. 债务人企业主体登记材料和出资证明

该方面内容用于判断债务人原股东所认缴出资是否足额缴纳，以及是否存在抽逃出资及出资方式存在瑕疵等情形。

3. 债务人违规处置财产

该方面内容主要是管理人履职进行追收的参考依据。审计机构应检查债务人的财产是否存在《企业破产法》第三十一条、第三十二条、第三十三条规定情形及是否存在账外资产。

4. 债务人董监高超标准薪资

审计债务人所欠职工的工资、社保、补偿金、公积金等薪酬福利事项，并重点关注董事、监事和高级管理人员是否利用职权从企业获取非正常收入、侵占企业财产。

5. 税款审计

审计债务人是否依法纳税，是否存在未计或少计的税款、滞纳金、罚款以及是否存在留抵退税情形。

6. 重大诉讼和预计负债

审计报告应关注债务人是否存在未确认的或有诉讼、担保等事项，以及重大的未决诉讼、担保事项是否合理预计负债等情形。

审计难点的产生往往源于债务人财务不规范，没有保留原始合同、付款凭证和相关发票。

(二) 常见审计难点

1. 应收账款审计

应收款项包括应收票据、应收账款、预付账款、合同资产、其他应收款等。审计机构应主要采用检查、函证、账龄分析等方式对应收款项逐一审查确认，重点审查应收款项的性质、形成原因、形成时间、是否有担保及催收情况。对于账龄在 3 年以上，并且已过诉讼时效的不良应收债权，应取得合法证据，作出恰当的调整或披露。重点关注在破产受理日前一年内是否存在放弃债权的行为，如有，应如实披露。

我们团队在经办广东省内的破产案件时，对于应收账款，会在委托前与审计机构确定对此类事项的审计依据和工作步骤。审计机构通常依据广东省注册会计师协会印发的《破产案件审计业务操作指引》开展工作。（1）核对审计基准日各明细账与总账、会计报表是否相符。（2）关注有无同一个客户的同一业务性质款项在应收账款和预收账款或合同负债同时挂账的情形，如有，应进行账务调整。（3）函证应收账款、合同资产余额和重要项目的交易条款。如管理人接管后已催收并取得回函，注册会计师可根据回函情况先核对回函内容与债务人账面记录是否一致，如不一致，分析不符事项的原因，并对重大的、异常的应收账款再次函证或走访。（4）逐笔检查应收账款形成的业务原始单据（包括但不限于销售合同或订单、销售发票、发货单、运输单、送货签收单等）和对账催收资料，核查应收账款的真实性，重点关注债权性质、形成原因、形成时间、是否有担保和催收情况。（5）逐笔检查合同资产形成的业务原始单据，合同付款条件，是否不存在无条件收款权利（收款权利取决于其他履约义务的履行情况）。了解针对未履行完毕的合同义务，管理人是否决定继续履行，能否按合同约定无条件取得收款权利。并根据了解的情况作恰当的调整。（6）关注大额或异常及关联方应收账款，即使回函相符，仍结合逐笔检查其原始凭证，核实其真实性。（7）核实应收账款的可回收性，有无交易对手破产或者死亡的、破产财产或者遗产清偿后仍无法收回的以及交易对手长期未履行合同义务且债务人未催收的情况，如符合损失条件的，应取得合法证据并经核准后作损失处理。（8）结合借款审计，检查应收账款是否已质押。

2. 应付账款审计

我们团队接管的应付账款审计事项中，较难确认的是职工债权。在破产程序中，职工债权由管理人自行调查并公示确认，实务中，往往与审计机构的审计结论不相符。究其原因，是债务人公司管理和财务制度不规范，没有依法签订合同，如实支付工资待遇，存在违规支付方式，也没有如实入账，导致实际发生的拖欠工资事实与账册、原始凭证登记不一致。这种情形下，管理人应当与审计机构反复沟通，提交管理人接管后发现的未入账的原始凭证和文件，进一步与债务人员工反复谈话，并调查取证，尽可能核查出真实的职工债权。

3. 往来账款审计和关联交易审计

房地产开发企业经营过程中，其注册资本往往不足以支付项目开发成本，项目企业常通过其股东或关联方以借款、垫付款方式支持公司的经营发展，如股东关联方借款是真实的借款合意，以及具备合理的借款用途、借款利率、还款期限及违约责任等，并且不违背公平原则，未损害债权人利益，该类情形下形成的债权应认定为普通债权。但如果房地产开发企业注册资本过低，甚至不足以支付项目土地购置成本，或通过互联互保方式进行融资，将项目土地抵押融资而将贷款用于非项目开发用途，虽经调解和判决司法文书确认，但实际不可能行使追偿权的，管理人需仔细与审计机构确认往来账款和关联交易的定性，为保护全体债权人利益，可以认定为劣后债权。所以，审计机构对此类款项的披露内容，将影响管理人引用依据对债权性质的确认结果。

四、实务中常见问题解决路径

房地产开发企业破产案件中，实务中的评估工作常遇到两种情形，我们团队在本案件的处理中亦碰到了。

1. 评估报告逾期

评估机构出具评估报告时都会有该报告适用的期限，一般为一年，因为一年期较能反映被评估资产的现时价值。但实务中，由于案件的复杂多变，管理人经常无法在报告期限内提交变价方案，而出现管理人在草拟变价方案所适用的变价依据时评估报告逾期的情形。这种情形下，就需要再次评估或让评估机构作出延期报告，将会产生破产费用。若被评估资产价值众所周知的存在价值下行情形的，且一般情形下资产处置采用的是公开拍卖方式，管理人仍可适用原评估报告，但需向债权人会议充分说明，由债权人会议审核表决。例如，在我们团队经办的另一宗房地产开发企业案件中，在破产申请前，债务人与施工方进行过诉讼且进入执行阶段，执行过程中对于主要资产在建工程进行了造价评估，并且官方数据显示价格一直在回落，我们团队接管后，为减少破产费用支出，在第一次债权人会议上提交变价方案，充分披露上述情况，并对全体债权人说明，最终债权人会议审核通过了该变价方案，仍以执行阶段的评估报告作为变价依据。

2. 评估资产具体标的重新组合，需评估机构出具补充报告

例如，本案件中，地块由于历史原因，原综合用地被分割成多块地块，有协议转让的，有被执行司法拍卖的，我们团队在办理确权办证时，还遇到因规范调整需综合用地合并情形。这导致团队在草拟变价方案时，对适用整体变价还是拆分变价产生疑惑，报告内的标的资产无法被拆分，或根据原报告内的内容无法自行组合待处置资产。这种情形下，我们团队考虑到执行职务的合法性和合理性，与评估机构再次协商，让其另行出具补充报告，为管理人进行资产变价处置提供补充报告并作出特殊说明。另外，还有一个例子，某案件中，原评估的资产是在建工程及配套的设备设施，但投资人对评估报告中的部分设备设施的估值并不认可，也不愿意纳入重整财产范围，后我们管理人团队考虑到重整成功对债权受偿率的提高，要求评估机构对配套的设施设备补充拆分评估，将投资人接纳的部分设备设施纳入重整财产范围，部分设备设施按补充拆分评估值变价拍卖，将拍卖款用于债权清偿，顺利实现了重整成功。

房地产开发企业破产案件因历史原因，实务中碰到的问题较多。特别是广州地区，存在各种不同类别的房屋，这都需要管理人查找相关的历史文件材料，梳理资产的来源、权属和相关利害关系人，并与评估机构充分沟通，尽可能出具符合资产市场价值的报告。

第八篇　未结诉讼或仲裁，以及衍生诉讼处理

债务人出现破产原因从而被法院裁定受理破产申请，必然存在复杂的债权债务纠纷。特别是资金链断裂导致破产的债务人，从刚开始的诉讼、执行，到被申请破产，直至最终的破产财产分配，均存在个别债权人与债务人，以及对全体债权人之间的利益博弈。对管理人来说，诉讼的脚步从未停止。诉讼主体均是围绕着债务人财产和债权这两条主线进行，管理人依法提起诉讼或应诉也是围绕保障债务人财产增值和依法削减债权进行，最终表现在债权受偿率上，其重要性毋庸置疑。因此，依照《企业破产法》相关规定进行应诉或提起诉讼，亦是管理人重

要职责之一。笔者之所以将此篇放到"接管工作"这一章节，也是考虑到破产程序中相关诉讼的紧迫性和重要性，管理人需要统筹安排并提前处理。

一、未结诉讼或仲裁处理

《企业破产法》第二十条规定：人民法院受理破产申请后，已经开始而尚未终结的有关债务人的民事诉讼或者仲裁应当中止；在管理人接管债务人的财产后，该诉讼或者仲裁继续进行。由于法院内部系统尚未形成全国数据一体化，且破产受理前的诉讼案件并非由受理法院统一管辖，故在实务中，其他法院并不能及时收到受理法院裁定受理债务人破产申请的通知，而是需要管理人在接管时就未结诉讼案件进行专项梳理，并在接管初始阶段向未结诉讼案件受理法院或仲裁机构发送通知，要求中止审理；并在完成接管或部分接管后，向未结诉讼案件受理法院或仲裁机构申请恢复审理。

而实践中管理人履行这两项职务时，并不一定能够得到未结诉讼案件受理法院的认可或同意，未结诉讼案件受理法院往往以开庭排期、当事人众多或者案情简单等理由，要求继续审理并让管理人照常出席参与庭审。因为接管时间过短或者尚未完全接管，管理人对涉案案情和证据均不清楚，这给其在接管初期的其他工作造成极大的压力，需要管理人团队提前做好预案统筹安排。

另外，《企业破产法》第十九条规定："人民法院受理破产申请后，有关债务人财产的保全措施应当解除，执行程序应当中止。"同样在实务中，执行案件法院并不是十分配合管理人工作，在管理人向其发出债务人裁定破产受理通知书后，并未中止执行程序和解除保全措施，需要管理人反复催告。但笔者建议，为了改善我国的法律营商环境，在将来具备网络数据一体化条件时，由受理法院第一时间向全国法院系统内部发送债务人破产申请受理裁定书，并由最高院行文，这样能大大减轻管理人执行职务工作量，并提升破产案件效率。

二、衍生诉讼的类别

随着《民法典》的颁布实施，最高人民法院也对相应案由和新增案由进行调整。根据《最高人民法院关于印发修改后的〈民事案件案由规定〉的通知》，破产程序涉及的诉讼案由主要有以下十三种：

1. **破产债权确认纠纷**

破产程序中，管理人对申报的债权进行审查后提交债权人会议审核，若债权人对审核债权有异议的，可在债权人会议结束后 15 天内向法院提起破产债权确认纠纷之诉。其中又细分为两种，一是职工破产债权确认纠纷，适用依据为《企业破产法》第四十八条第二款；二是普通破产债权确认纠纷，适用依据为《企业破产法》第五十八条第三款。

2. **对外追收债权纠纷**

破产申请裁定受理后，若管理人发现债务人存在对外债权，可据此向法院提起诉讼追收该债权，适用依据为《企业破产法》第十七条。

3. **破产撤销权纠纷**

破产申请裁定受理后，管理人调查发现在法院受理破产申请前一年内，债务人对第三人未到期的债务进行了提前清偿。管理人应当对第三人提起诉讼，要求撤销该清偿行为并返还该清偿款，适用依据为《企业破产法》第三十一条。

4. **请求撤销个别清偿行为纠纷**

破产申请裁定受理后，管理人发现在此之前六个月内，债务人对第三人存在个别清偿行为，且在清偿时，债务人已出现不能清偿到期债务，并且资产不足以清偿全部债务或者明显缺乏清偿能力的情形，管理人可向法院提起诉讼，要求撤销该个别清偿行为并返还该清偿款项，适用依据为《企业破产法》第三十二条。

5. **请求确认债务人行为无效纠纷**

破产申请裁定受理后，管理人调查发现债务人存在为逃避债务而隐匿、转移财产的行为，或者存在虚构债务、承认不真实的债务的行为，管理人应当以管理人名义直接提起诉讼，请求确认该转账行为无效，并要求返还财产，适用依据为《企业破产法》第三十三条。

6. **取回权纠纷**

破产申请裁定受理后，债务人占有的不属于债务人的财产，该财产的权利人可以向管理人提出申请，要求取回。管理人不同意取回的，权利人可向法院提起取回之诉。其中又细分为两种，一是一般取回权纠纷，二是出卖人取回权纠纷，适用依据为《企业破产法》第三十八条。

7. 追收未缴出资纠纷

债务人被法院裁定破产清算后，管理人调查发现，债务人现有多个股东，且股东出资均为认缴未缴，目前出资期限仍未届满情形。管理人可代表公司提起诉讼，要求该股东向债务人缴付未履行的出资，适用依据为《企业破产法》第三十五条。

8. 追收抽逃出资纠纷

破产申请裁定受理后，管理人经调查发现，债务人股东通过虚构的关联交易等方式，抽逃已缴出资的，管理人可据此以股东抽逃出资为由提起诉讼，要求其返还该抽逃的出资本息，适用依据为《最高人民法院关于适用〈中华人民共和国企业破产法〉若干问题的规定（二）》第二十条。

9. 别除权纠纷

债权人申报债权时，主张其对债务人的特定财产享有担保权，主张行使优先受偿权，管理人不予以认可的，债权人可以向法院提起诉讼并要求确认享有别除权，适用依据为《企业破产法》第一百零九条。

10. 破产抵销权纠纷

破产申请裁定受理后，债权人在破产申请受理前对债务人负有债务的，可以向管理人主张抵销。管理人对抵销主张有异议的，应当在约定的异议期限内或者自收到主张债务抵销的通知之日起三个月内向人民法院提起诉讼，适用依据为《企业破产法》第四十条。

11. 追收非正常收入纠纷

破产申请裁定受理后，经管理人调查发现，债务人在普遍拖欠员工工资的情形下向高管支付了高额的绩效奖金。管理人可据此提起诉讼，向高管追收要求返还该非正常收入，适用依据为《企业破产法》第三十六条。

12. 损害债务人利益赔偿纠纷

破产申请裁定受理后，经管理人调查发现，债务人的董事、监事或者高级管理人员违反忠实、勤勉义务，致使所在企业破产的，管理人可追究其民事责任，并向其提出赔偿之诉；或者公司相关人员及财产、账册、重要文件均下落不明，致使管理人无法清算，债权人的债权无法获得清偿，管理人可代表债务人向法院起诉股东、法定代表人及高级管理人员要求其承担赔偿责任，适用依据为《企业破产法》第十五条、第一百二十五条、第一百二十六条、第一百二十七条和第一百二十八条。

13. 管理人责任纠纷

破产程序期间，管理人未依照本法规定勤勉尽责，忠实执行职务的，给债权人、债务人或者第三人造成损失的，依法承担赔偿责任，适用依据为《企业破产法》第一百三十条。

以上为《企业破产法》规定的 13 种案由，管理人对上述规定应当具备专业的理解水平和风控意识，特别是涉及管理人职责范围内的行为，需要管理人勤勉尽责地履行职责，避免执业风险。因此，根据我们团队的经验，建议在接管期间，充分梳理相关法律文件、合同，厘清案件事实，依法定程序严格执行职务，保障破产案件顺利开展。

三、房地产开发企业破产案件中常遇到的未结诉讼和衍生诉讼情形

中国裁判文书网相关数据显示，房地产业破产案件数量仅次于制造业、批发和零售业，累计破产案件数量排名第三。① 并且随着国家对房地产行业调控政策力度加大，房企破产案件在激烈增长中，其中不乏知名大型房企。房企破产案件涉诉比例中，普通债权确认纠纷居高位，其次分别是请求撤销个别清偿行为纠纷、取回权纠纷、破产撤销权纠纷、破产抵销权纠纷和损害债务人利益赔偿纠纷。

当然，个案基于不同案情存在差异，但笔者发现，纠纷出现概率和破产原因的形成具有较大的关联因素。在本案中，某公司的破产原因在于其股东间纠纷和过高利息的民间借贷行为，导致拖欠到期债务未能清偿，资金链断裂后项目未能完工，且购房债权人未能如期收楼和办证等因素，这正是其资不抵债的重要表现，与其他房地产企业破产案件中出现的情况大致雷同。

本案件中，团队根据接管的资料、债权申报资料和债权审核规则，提前做好准备，详细查看并审核相关文件内容，发现的未结诉讼和衍生诉讼案件主要有：

---

① 关于破案数据的统计详见 https：//alphalawyer.cn/#/app/work-plat，最后访问时间：2025 年 4 月 2 日。

1. 未结诉讼

团队接管后，安排专人负责跟进未结诉讼事项，梳理全部未结卷宗和收到的传票。主要有两类，一类为大多数购房债权人主张迟延交付责任或者要求解除合同的商品房买卖合同纠纷案件；另一类为民间借贷案件。

购房债权人相关的商品房买卖合同纠纷案件相对简单，但数量较多。团队在梳理完资料后，登记相关诉讼资料在案，向法院申请阅卷，了解案件和证据，并向债务人原财务人员和行政人员核对相应的证据材料，例如购房合同、房款支付原始凭证、收楼通知书等。管理人核实清楚后，应申请法院恢复审理，并根据法律规定和债权审核规则出庭应诉。也可以庭前与购房债权人充分沟通，提示其注意法律风险和债权申报的权利。尽量以购房债权人撤诉为佳，但实际操作中，我们团队并不赞成以调解方式结案。例如，在本案中，涉及商品房买卖合同纠纷的案件有 23 宗，均是要求迟延交楼违约金和迟延办证违约金的诉讼请求，团队提前与各原告进行释法沟通，将债权审核原则一并告知，并告知其可以撤诉并申报债权（后经审核方式确认其债权，不服确认结果的购房债权人可通过债权确认之诉寻求救济途径）。后大多数债权人均撤回起诉并通过债权申报确认其债权，保障了同一类型债权的处置结果的统一。

其他的民间借贷案件，团队一直主张根据法律规定和债权审核规则从严审核，从最早的银行转账流水审查，核实借贷的真实性、合法性。值得特别一提的是，本案件中，我们团队在接管初期就遇到一件最高人民法院审理的民间借贷再审案，并且开庭日期仅在接管后一周。该宗案件涉及金额过亿元，若债务人败诉，将增加巨额的债权总额，严重影响全体债权人的权益。为了保障全体债权人利益，勤勉尽责地履行管理人职责，团队组成由案件负责人担纲的诉讼代表团队，专项负责跟进该案件，立即开展相关工作。一方面，管理人向原代理律师了解案件详情、调取相关诉讼文书和资料，并向债务人的法定代表人和主要负责人了解案件历史背景；另一方面，管理人依职责向最高人民法院提出申请，要求中止诉讼。工作期间，由于本案审限原因，且案件当事人众多，最高人民法院经办法官表示无法另行协调开庭时间，要求管理人积极应诉。考虑到案件的重要性和急迫性，诉讼代表团队加班加点争取时间，将全部案情梳理成大事记、事件时间轴，尽量厘清案件事实；并根据原有的证据材料，结合案件的争议焦点和再审程序要点要求，补充相关证据和代理意见，在接管后一周内圆满地完成了庭前准备工作。最终，通过管理人的积极应诉，最高人民法院裁定驳回再审申请，减少债权申报金额过亿元。

2. 衍生诉讼案件

本案件中发生较多的衍生诉讼案件，仍然是破产债权确认纠纷案件。主要是担保债权人对管理人确认有财产担保债权数额的异议，工程价款债权人对管理人确认为普通债权的异议，以及对管理人确认以房抵债无效的债权异议，等等。管理人对此类衍生诉讼案件的处理，需要紧密结合债权审核工作内容，履行必要的审查和告知程序，争取债权人充分理解管理人确认内容后，充分行使管理人职责积极应诉。

还有一类案件，就是请求撤销个别清偿行为纠纷案件。因本案件中仍然存在债务人在破产申请受理前6个月内，出于经营需要，指定第三人代付的个别经营行为。甲投资公司的原股东通过其代付款行为，在破产申请之日前6个月内清偿了甲投资公司的债权，管理人发现后，察觉甲投资公司为该股东提供了金融借款担保，根据原基础借款关系的借款用途，该股东在甲投资公司账面上仍拖欠应付未付的债务，且该股东向管理人以该笔代付款金额申报债权，故管理人经综合研判后依法要求撤销该代为清偿行为。

本案件中，我们团队充分就债权审核原则和内容对债权人进行说明，经办案件过程中，并未发生抵销权、取回权等其他类型衍生诉讼案件。

另外，本案件和实务中其他案件一样，可能发生需追缴债务人对外投资或对外债权的衍生诉讼案件。根据《企业破产法》第三十条之规定，"破产申请受理时属于债务人的全部财产，以及破产申请受理后至破产程序终结前债务人取得的财产，为债务人财产。"和《企业破产法》规定的管理人职责，管理人应当予以追回。但实务中存在诉讼期限逾期，或接管的证据材料缺失，或债务人的债务人可能丧失偿还能力的因素，管理人在实务中对是否就对外债权提起诉讼，存在争议。我们团队的另一宗重整案件中，债务人在越南设立子公司投资建厂，但可能存在投资财产被转移无法追收和跨境追收成本、风险过高的情形，经我们团队分析后，管理人立即启动债权人会议表决程序，充分说明并将垫付诉讼费用、办案费用和诉讼风险列入表决方案，以债权最大化原则为核心，由债权人会议表决决定是提起诉讼追收还是放弃追收。

第九篇　债权审查

从事破产业务的法律人都知道，财产调查工作和债权审查工作是整个程序的两条主线，是管理人在破产程序中必不可少的法定工作。团队个别成员曾经这样理解：破产程序是概括大执行，类似"太公分猪肉"，财产调查工作就是搞清楚有多少猪肉可分，而债权审查工作就是明确哪些人可以参与分猪肉。虽然这个比喻不太合适，但是反映了债权审查工作在破产程序中的工作分量。

债权审查的法条规定和时效性。

《企业破产法》第五十七条规定：管理人收到债权申报材料后，应当登记造册，对申报的债权进行审查，并编制债权表；第五十九条规定：依法申报债权的债权人为债权人会议的成员，有权参加债权人会议，享有表决权。债权尚未确定的债权人，除人民法院能够为其行使表决权而临时确定债权额的外，不得行使表决权。从上述法条可以看出，管理人应当在第一次债权人会议前尽可能完成债权审查工作，以保障债权人的参会权利和表决权，并保障第一次债权人会议表决通过的决议方案在程序上的公平、合法及有效性。而且，第一次债权人会议召开时间，从案件破产清算受理之日起算均有明确的法律程序规定，面对上百笔申报债权，甚至大量错综复杂的申报债权，管理人要在短期内完成工作任务，必须举整个管理人团队的力量，统筹合力才能完成。一债会即将召开之前，负责债权审查的组别经常笑称"留给管理人的时间不多了！"

一债会前债权审核工作的首要工作内容，就是管理人梳理债权类别并依照法律规定讨论形成债权审查规则。债权审查规则不仅需要保障债权人的合法权益得到确认，还需要防范虚假申报的债权，实务中，常出现债权在受理前已另行清偿但仍向管理人申报，或申报债权金额与事实不符，或申报的债权属性与法律规定相悖的情形，为了体现债权审核的公允性、保障债权公平对待，就需要在债权审核前先形成债权审核规则，并且债权审核规则应及时披露通知全体债权人。我们团队在处理破产案件的债权审核事项一般分以下三步：

1. 预判债权类别

管理人从被法院指定开始，就可以提前对案件所涉债权类别进行预判。债权预判的基础在于分析债务人企业相关信息，包括但不限于企业经营范围、注册时间、注册资本、主要资产及现状、股东构成、对外投资和关联企业、职工人数、经营期间重大事项和破产原因等信息。通过以上信息分析，预判是否存在财产担保债权、职工债权、税款债权，以及其他普通债权中是否存在货款债权、借款债权或其他经营合同类债权，也可以通过资产现状预判是否存在工程价款优先债权。另外，对外投资和关联企业、经营期间重大事项和破产原因等信息也有利于管理人预判是否存在互联互保、对外担保等保证类债权。

2. 债权数据归纳

预判只是为了提高工作效率，管理人第二步工作应当是分析债权数据并进行归纳。第一次债权人会议召开前，管理人能掌握的债权数据主要源于三方面，分别是管理人从债务人接管到的债权清册及其所包括的债权内容从诉讼裁判文书网和执行信息公开网收集的网络债权内容，以及债权人提交的债权申报材料。管理人可以按照企业破产法规定的债权类别，以及最高人民法院的案由规定，对债权数据进行分析并归纳，以便管理人对每一债权类别统一拟定债权审查规则。

除了《最高人民法院关于适用〈中华人民共和国企业破产法〉若干问题的规定（三）》规定的债权申报登记册中应列明事项外，我们团队还将其他事项都详尽列入一份大的 EXCEL 表格，例如，债权类别、代理人及联系方式、诉讼文号、判决正文、执行文号、执行回款、购房人合同事项、财产对应权利信息等事项，以便管理人履职过程中反复使用，并根据相应的数据摘列出新表格及时用于新场景。这个方法让团队不再重复用工，在债权统计、参会通知、表决组别分析等期间第一时间使用数据，极大地提高了团队办理破产案件的效率。例如，在实务案件中，存在债务人提前收取了购房债权人住房维修基金或交易契税而未缴交，通过表格罗列和整理，管理人能在短时间内知悉这部分费用的总额；还有购房人依据合同尚未缴纳的剩余房款，管理人也可以一键导出其应收未收购房款总额，从而明确债务人财产的具体数额。该统计大表的单一数据，均可以一键导出，方便管理人与债权人、法院或投资人汇报案件的具体数据。

3. 债权审查规则定稿

债权数据归纳完成后，管理人基本可以清楚该破产案件涉及的债权组别和种类，可以根据不同的债权种类开始拟定债权审查规则。由于破产程序是民商事纠纷的终端救济途径，对应适用的法律均不相同，具体各类债权审查规则在不同案件中也有变化，故在此不再赘述。这里着重和大家分享一下我们团队处理债权审查规则的流程：首先，根据债权数据归纳的债权组别，梳理同一组别债权中是否有生效法律文书认定的债权；并根据生效法律文书认定的债权裁判的依据、事实来商议是否对同组别其他债权均有适用性，争取保证同组别债权"同案同判"，保障同组别债权的公平受偿。其次，通过大数据分析和索引，找出债权争议的高发条款和相关案例，通过管理人集体讨论，严格适用法律规定，就组别债权形成统一的审查原则、适用法律、证据认定等具体债权审查规则。最后，管理人应当分析债务人现有可用于清偿资产、债权组别的类型和总额、法律规定自主裁量的情形和债权清偿方式等因素，针对个别组别债权的特殊问题，管理人团队讨论债权审查是否可依法定条件适用从宽或从严，最终形成债权审查规则，并符合公平受偿、债权利益最大化、绝对优先和效率原则。

根据《企业破产法》中法院对管理人监督和指导的规定，管理人将形成的债权审查规则报备受理法院，并进行听取法院的指导意见作必要的调整后进行公示。本案中，我们管理人与法院多次召开会议，将我们拟定债权审查规则的依据、观点提交会议讨论，在鼎湖区人民法院的大力支持下，最终形成债权审查规则，并在本案中一直贯彻实行。因为甲投资公司是房地产开发企业，在个案中有其案件特殊性，故我们也在审查规则中作出适当调整。由于本案中大多数为购房人债权，考虑保护居住权和房价下行等综合因素，我们在审查规则上对购房人债权分类作出了详细的审查说明，区分为继续履行合同要求交房和解除合同要求退款两大类，根据不同的合同履约情形，让几百户购房债权人能知悉申报债权的处理规则，及如何保障其购房人债权，充分确保债权人的知情权，极大利于后续破产程序的推进。下文就是我们在该案中的债权审查规则。

肇庆市甲投资公司破产清算案申报债权审核规则

2020 年 2 月 19 日，肇庆市鼎湖区人民法院裁定受理对债务人肇庆市甲投资公司破产清算申请（案号：2020 粤 1203 破 1 号），并指定广东金桥百信律师事务所担任管理人，负责人刘某根。本案的特点是债权人、购房人人数众多、债权种类繁杂，为做好对债务人甲投资公司债务的核查、制定债权表供债权人会议审核，结合本案特点，现制定本申报债权审核标准，请债权审核组参考。

一、申报债权审核的法律依据

本案是房地产开发企业破产清算案件，一切要为有利于推进债权价值最大化受偿或重整成功服务，同时也要提前考虑未能通过重整计划草案而清算的可能性和清算效率，特别是本案债权人数量庞大，各人诉求不同。故就本案特点，应当依据以下法律规定进行债权审核：

1.《民法典》；

2.《企业破产法》；

3.《最高人民法院关于适用〈中华人民共和国企业破产法〉若干问题的规定（一）》；

4.《最高人民法院关于适用〈中华人民共和国企业破产法〉若干问题的规定（二）》；

5.〈最高人民法院关于适用〈中华人民共和国企业破产法〉若干问题的规定（三）〉；

6.《最高人民法院关于审理商品房买卖合同纠纷案件适用法律若干问题的解释》；

7.《最高人民法院关于审理民间借贷案件适用法律若干问题的规定》；

8.《最高人民法院关于审理建设工程施工合同纠纷案件适用法律问题的解释》；

9.《最高人民法院关于审理建设工程施工合同纠纷案件适用法律问题的解释（二）》；

10. 《最高人民法院关于建设工程价款优先受偿权问题的批复》；

11. 《最高人民法院关于人民法院办理执行异议和复议案件若干问题的规定》；

12. 《全国法院民商事审判工作会议纪要》；

13. 《广东省高级人民法院关于审理企业破产案件若干问题的指引》。

二、债务人财产范围

《企业破产法》对民事主体民事权利的评价与其他民商事法律一致。根据《最高人民法院关于适用〈中华人民共和国企业破产法〉若干问题的规定》第二条、第三条规定，除非有相反证据和法律另有规定，在受理破产清算之日物权登记在甲投资公司名下的不动产或该司占有的动产、权利性资产均属该司财产，可用于清偿债务。

关于购房人对房屋的权利问题。根据上述规定和《最高人民法院关于人民法院办理执行异议和复议案件若干问题的规定》第二十八条至第三十条的规定，参考最高人民法院（2017）最高法民申3088号和（2018）最高法民申5297号判决，只有符合《关于人民法院办理执行异议和复议案件若干问题的规定》第二十八条、第二十九条规定的，方能主张对具体不动产的物权或准物权。本案所有案涉不动产中有住宅、商铺，部分购房人均是消费者且已基本交付，部分已办理预告登记，依法应属甲投资公司财产。

另外，上述最高人民法院3088号判决已明确法释〔2002〕23号之《最高人民法院关于审理企业破产案件若干问题的规定》已不再适用，故不能以该规定确定债务人财产。

但考虑到本案购房债权人众多，且主张各有不同，为了债权人债权利益最大化，尽快让债权受偿，根据《广东省高级人民法院关于审理企业破产案件若干问题的指引》第一百一十一条、第一百一十二条的规定，管理人应基于生存权和物权期待权来保障购房债权人的权益，以债权人申报的债权主张，依据上述规定来审核购房人债权。

三、债权种类、审核标准

（一）生效裁判文书确认的债权

1. 审核标准：根据《最高人民法院关于适用〈中华人民共和国企业破产法〉若干问题的规定（三）》第七条"已经生效法律文书确定的债权，管理人应当予以确认"的规定，除非有明显的相反证据，对有生效判决、调解书、裁决确定的债权，管理人予以确认。

2. 证据标准：生效判决、调解书、裁决及相关生效证明。

（二）诉讼或者仲裁未决的债权

1. 审核标准：该类债权包括破产清算受理之日前已存在的诉讼案和仲裁案以及对债权表不服提起的债权确认之诉，根据《企业破产法》第一百一十九条"破产财产分配时，对于诉讼或者仲裁未决的债权，管理人应当将其分配额提存。自破产程序终结之日起满二年仍不能受领分配的，人民法院应当将提存的分配额分配给其他债权人"的规定，上述未决债权无论是重整还是清算，在有关的债权人会议中，建议人民法院按照《企业破产法》第五十九条第二款"债权尚未确定的债权人，除人民法院能够为其行使表决权而临时确定债权额的外，不得行使表决权"的规定，以其申报债权或诉讼起诉的债权额给予临时表决权。管理人对其可能的分配额进行提存，如其能在法定期限内确定拥有相应债权的，按照清算财产分配方案或重整计划的同类别债权受偿。

2. 证据标准：应由主张债权人举证。如申报人同时另向管理人申报债权的，管理人以人民法院、仲裁委员会的判决、裁决确定其债权。

（三）担保债权

1. 审核标准：本案主要担保类型是不动产抵押、在建工程抵押，根据抵押登记的时效性，确定其是否属于担保债权。

2. 证据标准：由主张债权人举证。如申报人同时另向管理人申报债权的，管理人以人民法院、仲裁委员会的判决、裁决确定其债权。

（四）建设工程价款优先受偿权

1. 审核标准：根据《最高人民法院关于审理建设工程施工合同纠纷案件适用法律问题的解释（二）》第二十一条"承包人建设工程价款优先受偿的范围依照国务院有关行政主管部门关于建设工程价款范围的规定确定。承包人就逾期支付建设工程价款的利息、违约金、损害赔偿金等主张优先受偿的，人民法院不予支持"和第二十二条"承包人行使建设工程价款优先受偿权的期限为六个月，自发包人应当给付建设工程价款之日起算"的规定，（1）范围：利息、违约金、损害赔偿金仅能作为普通债权。（2）起算期限：根据结算时间、停工时间、合同约定，如相关主体有意愿配合续建的并达到项目房屋能确权办证条件的，从宽审查，争取其能支持重整。续建投入可以通过债权人会议表决列为共益债务优先清偿，提高其配合续建的信心和意愿，并提高重整成功的可能。

2. 证据标准：（1）对直接与甲投资公司签订合同的，由债权人举证后审核。（2）对没有与甲投资公司签订合同的，本案可能存在多次分包的情况，实际施工人一般应提供其与上手、上手与甲投资公司签订的施工合同、结算文件、签证文件，以证明其工程量和价款；无法提供能与甲投资公司连接起来的施工合同、签证或结算文件，但能提供甲投资公司（包括其工程部负责人员）、监理公司签名确认的结算文件或签证文件的，管理人可发函挂靠单位，征询其对实际施工人申报债权是否有异议，限期 15 天回复，如限期内不回复的则对该债权人的申报不予确认。

（五）职工劳动债权和社保费债权

1. 审核标准：（1）职工劳动债权，根据管理人调查，甲投资公司仍有职工 19 人，该 19 名员工基本在甲投资公司工作并收取劳动报酬，与甲投资公司形成了事实的劳动关系，依法应支付劳动报酬。管理人将联系上述职工，协商一致并依法按劳动合同法规定确认其职工债权。（2）社保费债权，对该部分债权以职能部门认定的数额为准。（3）对于高管职工债权，依照《最高人民法院关于适用〈中华人民共和国企业破产法〉若干问题的规定（二）》第二十四条规定予以认定。

2. 证据标准：同上述审核标准。

（六）税务债权

1. 审核标准：按照税务机关通知缴付的金额确定税款债权。另外，关于滞纳金，根据《最高人民法院关于税务机关就破产企业欠缴税款产生的滞纳金提起的债权确认之诉应否受理问题的批复》（法释〔2012〕9 号）中"破产企业在破产案件受理前因欠缴税款产生的滞纳金属于普通破产债权"的规定，滞纳金部分归入普通债权，并仅能计算至 2020 年 2 月 18 日。

2. 证据标准：同上述审核标准。

（七）购房人债权和其他普通债权

1. 购房人债权：据上所述，因某山水城项目属于商住性质，大多数购房人是消费者，少部分才是商铺和车位购买者，结合省法院关于审理企业破产案件若干问题的指引文件和《最高人民法院关于建设工程价款优先受偿权问题的批复》，基于对购房债权人生存权保护和物权期待权的保障，避免解除合同导致扩大损失的增加，使全体债权人权益受损，应当确认购房人债权中购房款债权应当优先于工程价款优先权债权人受偿。按照申报的情况和合同内容，购房人具有以下几种债权：

（1）购房款债权

债权数额：管理人对购房人购房款债权的确定有以下意见。

要求继续履行合同的：因为甲投资公司大多数房屋已经建设完毕，其他少部分房屋也具备后续施工，满足交付条件，购房人可以主张自己的交付房屋请求权优先于工程价款，以已支付的购房款、交易契税和住房维修基金累计总额作为债权申报数额；

要求解除买卖合同的（或判决解除合同的）：基于以上法律规定和指导思想，若购房人主张解除合同返还购房款，主张购房款返还请求权的，其主张优先于工程价款，以已支付的购房款、交易契税和住房维修基金累计总额作为债权申报数额。

违约金、利息等损失：对于因甲投资公司违约产生的违约金、利息、损失等，购房人可以作为债权数额同时申报，但是这部分债权应当作为普通债权处理。另外，为了公平对待同类别债权，根据已有生效判决，以实际损失为基础，兼顾合同的履行情况、当事人的过错程度以及预期利益等综合因素，根据公平原则和诚实信用原则予以衡量，将原合同约定迟延交付违约金调整为按中国人民银行同期贷款基准利率的 1.3 倍计算。

证据标准：需提供购房合同、认购合同、收据、发票、划款凭证。其中，关于银行划款凭证，两年内的流水原则上需要，不能提供的要说明情况，并要有收款收据和发票佐证。将上述证据比照甲投资公司内部销售表，一致的可确认已付房款。

（2）定金债权

按照购房人提供的认购书或合同约定，如有双倍返还约定的，按已付定金的双倍计算；有收据但没有约定的，如收据载明"定金"的，按已付定金的双倍计算；有收据但没有约定的，如收据没有载明"定金"的，按一倍计算。定金已转化为涉案房产的首期房款的，或要求继续履行合同的，不再适用定金罚则，按购房款债权确定金额。

证据标准：需提供收据、划款凭证，无法提供划款凭证的至少需要提供甲投资公司开具的统一格式的收据。证据不足的，可对比内部销售表灵活认定。

（3）违约金抵扣管理费、购房款或车位购房款等债权

管理人接管并核查的材料中，显示已有部分购房人起诉要求甲投资公司支付迟延交付违约金，并与甲投资公司签订《补充协议》，约定违约金抵扣管理费、购房款或车位购房款。对该部分债权，如管理人经审核，与甲投资公司签订《补充协议》合法有效且已实际履行的，管理人应该继续履行；未能履行的或者实际履行不能的，该部分债权应当作为普通债权处理（但履行《补充协议》的时间在裁定受理破产清算申请之日前六个月内个别清偿的情况除外）。

（4）以房抵债的债权

甲投资公司在建设经营过程中为了融资，将拖欠工程款、借贷款项，通过以房抵债、让与担保等方式与债权人签订买卖合同清偿的，这种买卖合同本质上都不是"满足其生活居住需要"，不属于享有优先权的消费者。这类购房人应当回归于本来的债权关系，而不是房屋买卖关系，按照相应的债权关系申报债权，而不能主张个人消费者的优先权。

（5）签订《谅解协议》的处理标准

甲投资公司在经营期间，就应支付的迟延交付违约金，曾与部分购房债权人签订《谅解协议》，该部分债权人同意豁免甲投资公司对迟延交付违约金的清偿责任。管理人意见：对该部分债权，如管理人经审核，与甲投资公司签订《谅解协议》合法有效的，且已实际履行的，管理人应该继续履行《谅解协议》；《谅解协议》约定之外的迟延交付违约金，作为普通债权处理。

（6）未申报债权的购房人问题

《企业破产法》第五十六条"在人民法院确定的债权申报期限内，债权人未申报债权的，可以在破产财产最后分配前补充申报；但是，此前已进行的分配，不再对其补充分配。为审查和确认补充申报债权的费用，由补充申报人承担。债权人未依照本法规定申报债权的，不得依照本法规定的程序行使权利"和第九十

二条"经人民法院裁定批准的重整计划,对债务人和全体债权人均有约束力。债权人未依照本法规定申报债权的,在重整计划执行期间不得行使权利;在重整计划执行完毕后,可以按照重整计划规定的同类债权的清偿条件行使权利"的规定,债权人需申报债权才能主张权利,管理人不能代其申报,否则其他已申报债权的债权人会提出异议。从目前情况观察,有少部分购房人申报债权的意愿较低或很低,从最大限度地保护该部分购房人的角度考虑,管理人拟在债权申报期内再次书面通知未申报债权人员尽快申报并告知不申报的法律后果。

2. 民间借贷债权

(1) 审核标准:从严把关,除合法审查外,还要对合理性进行审查,借款利率应当适用 2020 年 8 月 20 日施行的《最高人民法院关于审理民间借贷案件适用法律若干问题的规定》中民间借贷利率的司法保护上限调整为"不超过合同成立时一年期贷款市场报价利率(即中国人民银行授权全国银行间同业拆借中心自 2019 年 8 月 20 日起每月发布的一年期贷款市场报价利率,俗称 LPR)的四倍"。结合审计情况,对借款的划入、使用和划出进行审查,甲投资公司有关管理人员需进行说明、防止虚假债权。对存在疑点、甲投资公司没有从借款中获益的,不予确认。对甲投资公司股东对该司的借款,根据《最高人民法院关于适用〈中华人民共和国企业破产法〉若干问题的规定(二)》第四十六条规定:"债务人的股东主张以下列债务与债务人对其负有的债务抵销,债务人管理人提出异议的,人民法院应予支持:(一)债务人股东因欠缴债务人的出资或者抽逃出资对债务人所负的债务;(二)债务人股东滥用股东权利或者关联关系损害公司利益对债务人所负的债务",如最终确定股东对公司的借款债权属实,也不得与其补缴出资的债务抵销。管理人应当严格审核确认该类债权。

(2) 证据标准:银行划款凭证、审计报告、使用说明。

3. 其他普通债权

据了解,除上述购房人债权、民间借贷债权外,还存在律师费代理合同债权、材料供应商债权和销售房屋代理费等普通债权。对上述债权,根据申报人提供的证据,按照民事诉讼的一般证据审查标准进行审核。

(八)出资人权益债权

根据工商登记资料,甲投资公司注册资本为人民币 1000 万元,若审计报告显示其资不抵债的，根据《企业破产法》的相关规定，理应宣告其破产；或在重整程序中由投资人重整计划草案中将出资人权益调整为零。

以上是本管理人结合所了解的甲投资公司之现状分析得出的债务人企业的债权审核、认定方法和思路，随着甲投资公司破产清算程序尤其是债权申报工作的逐步开展，前述方法和思路将根据债权人的申报意愿进行适时的调整和完善。

本案件虽不及其他重整案件的十几万笔，但也有 800 多笔债权，工作量较大。为了提升案件处理效率，有必要在第一次债权人会议前完成全部或大部分债权审查工作，这就要求管理人团队充分发挥协作能力。可考虑采用团队成员分组、同类债权分组、后勤成员录入，公司债权审查均通过在线文档同步进行等方式。并且，涉及单一债权的申报材料补正、债权异议、债权初审函和债权异议诉讼，均安排具体原债权审查经办成员负责，并在工作留痕基础上，保障了债权审查规则的执行贯彻落实，提升了债权审查效率。因此，"一债一人、同债同人"，即一笔债权的关联审查工作由同一成员负责，同一类债权尽量安排同一组成员负责。债权审查工作十分重要且工作量比较繁重，需要管理人认真对待每一笔债权，上述方式方法，都是我们团队在办理破产企业案件过程中总结出来的小经验，期望能给新入行的管理人成员一些启示和帮助。当然，在案件债权审查过程中，也会发生因安排不足引发的紧急情形，团队需要及时讨论决策机制，以充分应对债权审查中的应急事项。

第十篇　债务人税务事项处理

依法纳税是所有企业的法定义务。管理人完成接管后，无论债务人是继续营业还是停止营业，管理人均有义务监督债务人履行纳税义务。因此，债务人税务处理事项，一直贯穿破产程序始终，管理人应当审慎处理，及时跟进税务申报的流程和纳税节点。

笔者搜索《企业破产法》全文及相关司法解释，发现仅有两处提到税款的表述，并且仅是规定税款的组别和税款的受偿顺位；对于管理人在破产案件中有关税务事项的履职行为，并没有相应的法条规定。然而破产实践中，债务人的涉税行为如何处理，直接影响案件进程和结果。债务人破产申请受理日前拖欠税款，破产期间新生税款，重整程序及和解程序的税务问题，如何依法处理，在业界存在不同的做法，也产生不少争议。徐阳光教授曾在《企业破产中的税收法律问题研究》一书序言中提到："破产程序中的税法问题，一直制约着破产法的有效实施，却又难以推动解决。"

一、破产企业涉税事务中管理人履职的法律依据

税收征管法属于公法，而企业破产法属于私法，面对公法和私法的冲突规定，管理人往往无所适从，极大挑战管理人概括大执行的能力，甚至可以说是极度为难。我们团队从事的破产业务，几乎每个案件都会碰到难缠的税款问题，本案件也不例外。

国家税务总局响应破产领域各界人士的呼声，近几年陆续出台有关破产企业税务问题处理的相关政策和文件，让破产企业税收问题的法律指引更明确，也让管理人对税务问题的履职更清晰。近期出台的主要政策和文件有：

1. 国家发展和改革委员会、最高人民法院、财政部、人力资源和社会保障部、自然资源部、住房和城乡建设部、中国人民银行、国务院国有资产监督管理委员会、国家海关总署、国家税务总局、国家市场监督管理总局、中国银行保险监督管理委员会、中国证券监督管理委员发布的《关于推动和保障管理人在破产程序中依法履职进一步优化营商环境的意见》；

2. 国家税务总局发布的《国家税务总局关于税收征管若干事项的公告》。

还有一些地方省市也相应出台了可具体操作的政策文件：

①国家税务总局北京市税务局发布的《关于进一步推进破产便利化优化营商环境的公告》；

②上海市高级人民法院、国家税务总局上海市税务局印发的《关于优化企业破产程序中涉税事项办理的实施意见》；

③国家税务总局上海市税务局编写的《企业破产涉税事项办理操作指南 2.0》；

④《重庆市高级人民法院、国家税务总局重庆市税务局关于企业破产程序涉

税问题处理的实施意见》；

⑤重庆市高级人民法院、国家税务总局重庆市税务局印发的《关于建立企业破产处置协作机制的指导意见》；

⑥广州市中级人民法院、国家税务总局广州市税务局印发的《广州市中级人民法院 国家税务总局广州市税务局关于进一步解决破产程序中涉税问题的若干意见（试行）》；

⑦国家税务总局深圳市税务局发布的《企业破产涉税事项办理指南》。

二、管理人依法履行纳税申报行为的程序分享

破产程序中，债务人企业主体各种各样，经营范围覆盖各行各业，因此，管理人对于中国现行的十几个税种，都有可能碰到相关的债务人税款缴纳问题。对于税种和税率，作为法律人，管理人查找一下相关法律规定，还是容易理解的，但对于财务知识较缺乏的管理人，如何计算纳税基数和扣减纳税成本，个人就觉得相当费劲。当然，随着破产事务的日益开展，我们团队也在不断更新学习中。因此，本文不再讨论具体税款问题的处理细节，而是和大家分享一下我们管理人团队如何在破产案件中开展税务事项处理的程序问题。

（一）管理人指定后的初期工作

管理人完成接管工作后，应当整理相关税务资料和设备，包括但不限于税务证书、税控盘、缴税账号和密码、完税证明等。管理人应开展以下工作：

1. 通知税务主管部门，债务人企业进入破产程序；同时提请税务部门核查债务人企业是否存在欠税、漏税情形，并通知税务部门进行债权申报；

2. 若未接管到债务人公章或公章遗失的，向税务部门申请以管理人公章代为申报税务事项；原税务申报专员已经解除劳动合同的，则应向税务部门申请变更管理人成员为税务申报人员；税控专用设备遗失的，重新申领；

3. 根据债务人企业经营范围，与原财务人员沟通，了解债务人企业是否有退税情形，并审查是否符合税款抵销的规定；

4. 向债务人原实控人和财务人员了解，是否存在重大应税行为未缴纳的情况，依法及时报税、纳税；

5. 向税务主管部门申请解除税务强制行为;

6. 若债务人企业继续营业的,管理人还应向税务主管部门申请解除企业非正常状态,办理发票申领,发票限额提高,恢复纳税信用等事项。

(二) 破产期间的新生税款处理工作

在破产程序中,因继续履行合同、生产经营或者处置破产企业财产等新产生的相关税(费)及滞纳金,以及因发生税收违法行为产生的罚款,理应认定为《企业破产法》第四十一条规定的"管理、变价和分配债务人财产的费用",由管理人按照税收法律法规规定的期限,代为申报缴纳相关税(费)。

破产期间的新生税款一般有以下几种情形:

1. 继续履行双方尚未履行完毕的合同产生的税款。根据《企业破产法》第十八条的规定,管理人选择继续履行合同会产生新生税款,例如买卖合同,将会产生增值税、城建税、教育费附加、地方教育附加、印花税和所得税等。

2. 处置破产财产产生的税款。处置过程中涉及各类资产的转让,将会产生增值税、城建税、教育费附加、地方教育附加、印花税和所得税等,转让国有土地使用权、地上的建筑物及其附着物产生增值额的可能产生土地增值税。

3. 持有不动产产生的税款。持有不动产时涉及的税款指房产税和城镇土地使用税。

管理人在新生税款处理工作中,应注意相关税款的法律规定,依期申报或依次申报,要充分利用府院联动机制,在处理前充分了解,明确所涉及税种、税率和纳税依据,以便尽可能在处置时进行信息披露工作。涉及特殊税务处理时,应积极与税务主管部门沟通,尽可能明确财产处置的相应税费,以便买受人掌握财产相关信息从而提高竞价。另外,根据《财政部、国家税务总局关于企业清算业务企业所得税处理若干问题的通知》(财税〔2009〕60 号)规定,清算程序中的企业所得税以清算期为独立的纳税年度计算,因此,清算期间暂不缴纳企业所得税,待破产案件结案时最终依法申报企业所得税。

(三) 案件终结后的税务注销工作

管理人向人民法院递交结案报告后,应积极履行法定职责,及时办理破产企业税务注销工作，维护国家的税收安全与市场管理秩序。2020年5月22日，国家税务总局广东省税务局发布了《关于进一步推进税务注销简化办的通知》其第一条规定，"进一步扩大税务注销免办范围，对经人民法院裁定终结强制清算程序或终结破产程序的纳税人，纳税人（或其清算组、破产管理人）可直接向市场监管部门申请办理注销登记，免予到税务机关办理清税证明。税务机关依据市场监管部门共享的核准注销信息以及人民法院的相关裁定文书，处理核销'死欠'等相关涉税事项"。但我们团队认为，该条规定并非免予办理税务注销，而是税务注销不再作为企业工商登记注销的前提，管理人仍应当依据《税收征收管理法实施细则》第十五条第一款规定，"纳税人发生解散、破产、撤销以及其他情形，依法终止纳税义务的，应当在向工商行政管理机关或者其他机关办理注销登记前，持有关证件向原税务登记机关申报办理注销税务登记；按照规定不需要在工商行政管理机关或者其他机关办理注册登记的，应当自有关机关批准或者宣告终止之日起15日内，持有关证件向原税务登记机关申报办理注销税务登记"办理税务注销工作。

我们团队办理税务注销工作安排专人进行办理，一般应提交以下材料：人民法院出具的终结破产清算《裁定书》、《清税申报表》和经办人授权委托书、受理破产清算《裁定书》、《指定管理人决定书》、宣告破产《裁定书》以及律师事务所执业许可证（复印件）作为证明文件。值得庆幸的是，部分地区可以网上办理税务注销工作，期待在全国普及。

除了前述税务事项处理的流程，管理人还需要了解税务政策的调整，以及一些地方税务优惠政策的实施，适时与债务人所在地地方税务部门沟通，便于更好履职从而保障全体债权人利益。在本案件中，我们团队还处理了以下具体事项：

1. 退税款抵销。我们团队接管本项目后，经与留守财务人员充分沟通，发现甲投资公司符合当时增值税留抵退税政策适用情形，故管理人函告主管税局，申请退还税款。但当地税务局认为甲投资公司有拖欠税款，应当抵销。

根据《最高人民法院关于适用〈中华人民共和国企业破产法〉若干问题的规定（二）》第四十一条第二款的规定，管理人不得主动抵销互负债务，在不损害税务机关所享有的税收优先债权的同时，提高了普通债权受偿率，维护了普通债权人的利益。因此，管理人可以主张以留抵税额抵销其他税种的欠缴税款。

但根据《国家税务总局关于增值税一般纳税人用进项留抵税额抵减增值税欠税问题的通知》（国税发〔2004〕112号）"对纳税人因销项税额小于进项税额而产生期末留抵税额的，应以期末留抵税额抵减增值税欠税"的规定，认为该留抵税只能抵销增值税，不能用于抵销其他税种。我们团队与税务部门反复沟通，最终结果以留抵税抵销甲投资公司新增增值税税款。

2. 破产期间新生税务的土地增值税预缴问题

甲投资公司作为房地产开发企业，在销售存货时，即管理人继续履行购房合同时和变价未销售房屋时，均需预缴土地增值税。但每个地区的相应规定可能不同，且破产企业预缴费用不适宜过高，我们团队与税局沟通后，土地增值税预缴税率核定为3%。

三、广州地区的税务政策指引

本案件中，由于我们团队大多在广东地区办案，故一直依据广东省的有关规定履职。在税务事项处理过程时，我们团队比对了各地税务政策文件，认为广州市中级人民法院和国家税务总局广州市税务局联合印发的文件在具体事务操作上更具实操指引性，为团队在经办本案件与税务部门沟通和办理税务事项提供了极有力的依据，极大地提升了本案件的办案效率。故此，特将该文件附后，供大家学习参考。

广州市中级人民法院、国家税务总局广州市税务局
关于进一步解决破产程序中涉税问题的若干意见（试行）

为进一步优化营商环境，切实解决破产案件中的涉税问题，提高破产案件办理效率，完善市场主体拯救和退出机制，依据《中华人民共和国企业破产法》《中华人民共和国税收征收管理法》等相关法律法规，贯彻落实国家发展改革委、最高人民法院、税务总局等部门联合印发的《关于推动和保障管理人在破产程序中依法履职进一步优化营商环境的意见》等相关政策文件，广州市中级人民法院和国家税务总局广州市税务局经协商，双方就破产程序中有关税务问题达成以下意见：

一、税收债权申报与确认

1. 【债权申报通知的发出】人民法院裁定受理破产申请后，管理人应在接受人民法院指定之日起十日内，向破产企业的区县级主管税务机关发出债权申报书面通知。管理人无法确定企业的主管税务机关的，可向企业所在地的区县级税务机关发出书面通知。管理人不应重复、多头发出债权申报通知。

税收债权申报实行首问负责制，最先收到通知的区县级税务机关不是破产企业主管税务机关的，应将债权申报通知及时转至相应的主管税务机关或广州市税务局。

2. 【债权申报通知的发出方式】管理人向税务机关发出债权申报书面通知，以邮寄方式为主。管理人也可以到破产企业的区县级主管税务机关办公地点递交债权申报通知，由各区县级征管局办公室签收并出具签收回执。

3. 【税务机关清查债权】区县级主管税务机关收到管理人的债权申报通知后，应当依法清查破产企业在广州市范围内欠缴的税款、税务机关负责征收并掌握的欠缴非税收入、税务机关掌握的社会保险费欠费和相应的滞纳金、罚款等情况。

经查询发现企业在本市其他区存在欠税（费）的，主管税务机关应在3个工作日内将债权申报通知抄送至欠税（费）所属区县级税务机关征管部门。

4. 【稽查欠税的清查】区县级主管税务机关收到管理人债权申报通知后，应在3个工作日内将该通知抄送至市内各税务稽查局执行部门。稽查部门应及时核查该企业是否存在欠缴稽查税（费），或未办结的稽查案件。存在上述情况的，稽查部门应及时反馈给区县级主管税务机关。

5. 【债权申报的主体】税收债权一般由破产企业的主管税源管理所或欠税（费）所属税源管理所进行申报。特殊情况下，也可由破产企业的区县级主管税务机关或跨区域稽查局行使债权申报职责。

6. 【债权申报应提交的资料】税务机关申报债权，应向破产案件的管理人提交《债权申报书》及相关的债权依据，如欠缴税款、滞纳金、罚款的系统截图及简要说明；如无系统截图，应提供计算依据及计算过程。如有《税务处理决定书》《税务行政处罚决定书》等相关文书的，应一并提供。

《债权申报书》应加盖公章或税收业务章，注明联系人和联系方式。

7.【对企业涉税权益的提醒】破产企业存在可申请退还的多缴、误收、汇算清缴退税款，待退还的出口退税款、待退还的社保费等涉税权益时，税务机关应及时告知管理人向税务机关提出退税（费）申请。

8.【对企业涉税义务的提醒与处理】税务机关收到债权申报通知后，应及时查询破产企业的未办结涉税（费）事项，包括且不限于风险任务、纳税评估、税收核定、发票协查、稽查案件、反避税案件、举报投诉信访处理等可能产生查补税（费）款或处以罚款的未结事项。对于依职权办理事项，税务机关应在债权申报中披露可能的欠税情况，并加速办理。对于依申请办理事项或共治事项（如企业需补办税费申报），税务机关应告知并提醒企业尽快办理完结。

以上事项产生的欠缴税款、非税收入、社会保险费、滞纳金、罚款，税务机关在金额确定后及时进行债权申报。

破产管理人应积极履行涉税义务或配合税务机关完成相关事项。

9.【税收债权的抵销】税务机关发现破产企业既有欠缴税（费）又有应退税（费）、出口退税或增值税留抵税款，符合《中华人民共和国企业破产法》第四十条规定的，可以向管理人书面申请行使抵销权。

管理人对税务机关的抵销主张有异议的，应当在约定的异议期限内或者自收到主张债务抵销通知之日起三个月内向人民法院提起诉讼。

10.【滞纳金、利息、罚款的计算、性质及清偿顺序】因破产企业欠缴税款、非税收入及社会保险费产生的滞纳金和因特别纳税调整产生的利息，自人民法院裁定受理破产申请之日停止计算，并作为普通破产债权申报。

破产企业的税收罚款，参照《全国法院破产审判工作会议纪要》第28条的规定进行清偿。

11.【税收债权异议处理】在对税务机关申报的债权登记造册时，管理人对税收债权申报有异议的，应及时向税务机关提出书面意见，并告知回复期限。

税务机关收到管理人的书面意见后，应对管理人提出的异议及时核查，核查后认为管理人的异议成立的，应在管理人完成债权表编制前进行债权金额或种类的变更申报，并附相应申报资料；核查后认为管理人提出的异议不成立的，应向管理人提供异议部分的计算方式和征收依据。

12.【税收债权申报期限与补充申报】税务机关应在人民法院确定的债权申

报期限内申报债权。未在上述期限内申报债权的，可以在破产财产最后分配前补充申报。但是，此前已进行的分配，不再进行补充分配。

二、管理人的履职保障和职责

13.【网上办税】管理人的经办人持人民法院受理破产申请的裁定书、指定管理人决定书、管理人的授权委托书、经办人身份证件，可以到税务机关重置破产企业电子税务局密码。经办人办理电子税务局实名注册认证，并绑定破产企业后，可以办税员身份在电子税务局办理破产企业涉税费查询、申报、发票等业务。

14.【办税免预约】管理人的经办人持人民法院受理破产申请的裁定书、指定管理人决定书、管理人的授权委托书、经办人身份证件到办税服务厅办理破产企业涉税事务，办税服务厅为经办人提供免预约服务。

15.【信息查询和政策咨询】税务机关为管理人提供税收信息查询、税收政策咨询的服务和便利。管理人的经办人持人民法院受理破产申请的裁定书、指定管理人决定书、管理人的授权委托书、经办人身份证件，可以向主管税务机关提出查询破产企业及相关分公司、子公司的税（费）申报缴纳、接受处罚等涉税（费）信息，或进行税收政策咨询。主管税务机关应当及时提供查询结果或给予答复。

税务机关同时提供线上查询和咨询等便利途径。

16.【公章替代】因破产企业公章遗失、未能接管等原因，管理人在办理涉税事项时无法加盖企业公章的，可使用管理人印章代替。

17.【依法履行纳税义务职责】管理人负责管理破产企业财产和营业事务的，应代表企业依法履行法律法规规定的税（费）申报、清算申报、员工个人所得税代扣代缴等纳税义务。管理人在代表企业办理涉税事项时未遵守税收法律法规，造成企业未缴、少缴税（费）款，或有其他税收违法行为的，主管税务机关可责令其限期改正，并将有关情况通报人民法院，人民法院应督促管理人依法履职。

破产企业自行管理财产和营业事务的，应在管理人的监督下，依法履行相关的纳税义务。

18.【如实告知职责】管理人在履职过程中获知破产企业存在税务机关不掌握的欠缴税款、非税收入、社会保险费的情况，或发现企业有涉嫌漏报少缴税（费）款的情况，应及时、如实告知税务机关。

三、破产程序中的涉税事项办理

19.【税费申报】管理人应按照现行税法有关规定，办理破产企业的纳税申报。

管理人未接管到破产企业账簿资料或不掌握破产企业在破产申请受理前的实际情况，未发现破产企业有应税行为，且税务系统中不存在未申报的已开票数据的，可暂按零申报补办税费申报，并可以批量办理。之后发现存在应税行为的，应当进行更正申报。

20.【税款核定】管理人未接管到债务人企业账簿资料导致确实难以申报，且破产企业可能存在应税行为的，主管税务机关也可按照《中华人民共和国税收征收管理法》第三十五条的规定，经法定程序进行核定税款。

21.【简化申报】税务机关按照税收相关政策规定，对符合条件的破产企业实行简化申报。

破产企业进入破产程序后未保持生产经营的，管理人可以向主管税务机关申请增值税按次纳税；破产企业无需支付员工工资的，管理人可以向主管税务机关申请终止个人所得税代扣代缴的税种认定。

22.【破产清算期间企业所得税处理】管理人接管破产企业时，企业已终止经营活动，但尚未向主管税务机关进行企业所得税清算备案的，管理人应当及时通过广东省电子税务局或到办税服务厅进行备案，对正常经营期内未预缴的企业所得税进行预缴申报，并进行生产经营期当年度的汇算清缴。

对于清算期间的企业所得税，管理人可以以清算期间作为一个独立的纳税年度计算清算所得，在破产财产分配完毕和清算事务办理完毕之日起 15 日内进行企业清算所得税纳税申报，之前无须预缴申报。

23.【破产清算期间土地增值税处理】对破产企业土地增值税的征收，税务机关应加强与破产企业、破产管理人的联系和沟通。

如破产企业存在符合土地增值税清算条件的项目，破产企业、破产管理人应配合税务机关提供土地增值税相关清算资料，主管税务机关按规定完成土地增值税清算审核，确定应补（退）的土地增值税清算税款。

因破产企业土地成本、建筑安装工程费资料缺失等原因，无法确定扣除项目金额的，税务机关可以对破产企业采用土地增值税核定征收方式确定土地增值税清算税款。

24.【新生税费清偿】在破产程序中，因继续履行合同、生产经营或者处置破产企业财产等新产生的相关税（费）及滞纳金，以及因发生税收违法行为产生的罚款，均属于《中华人民共和国企业破产法》第四十一条规定的"管理、变价和分配债务人财产的费用"，由管理人按照税收法律法规规定的期限，代为申报缴纳相关税（费），税务机关无须进行税收债权申报。

在破产程序中，破产企业留用人员的社会保险费，应由破产管理人以破产企业名义继续申报，从破产费用中予以支付缴纳，至企业被宣告破产时止；在宣告破产前解除劳动关系不再留用的，至劳动关系解除当月止。

25.【非正常状态的解除】被认定为非正常状态的破产企业，如需解除非正常状态，应当补办纳税申报。被认定为社会保险费非正常户状态的破产企业，应先解除社会保险费非正常状态，再补办社会保险费申报。

非正常状态不影响破产企业进行注销。

26.【解除及恢复行政强制措施】税务机关在人民法院裁定受理破产申请前已对企业财产采取强制措施的，在人民法院裁定受理破产申请后，应依照《中华人民共和国企业破产法》第十九条的规定及时解除强制措施，并及时告知人民法院或管理人。

人民法院裁定驳回破产申请，或者依据《中华人民共和国企业破产法》第一百零八条的规定裁定终结破产程序的，人民法院或管理人应当及时通知原作出强制措施的税务机关按照原顺位恢复强制措施。在税务机关恢复强制措施或者表示不再恢复之前，审查破产申请的人民法院不得解除对债务人财产的保全措施。

27.【发票的申领与开具】税务机关应依法为破产企业提供发票。破产企业因履行合同、处置财产或继续营业等原因在破产程序中确需使用发票的，管理人可以以纳税人名义到税务部门申领、开具发票。

税务机关在督促管理人或破产企业就新产生的纳税义务足额纳税的同时，应按照有关规定满足其合理的发票领用需要，不得以税款债权未得到全部清偿或企业存在违法违章案件、未办结风险任务等为由拒绝管理人或破产企业开具或代开发票的正当申请。

管理人应当妥善管理发票，不得发生丢失、违规开具等情形。管理人违反

《中华人民共和国发票管理办法》等法律法规的，税务机关应当按相关规定进行处理。

28.【税控设备的处理】管理人发现破产企业的税控专用设备遗失的，应及时向主管税务机关报告，税务机关按照规定进行处理。

29.【临时提高发票限额】因企业资产处置等情况需要临时提高增值税发票最高开票限额的，由管理人向税务机关提出申请，税务机关进行核定。在特定事项办结后，管理人应及时主动联系税务机关，恢复原最高开票限额。

30.【重大交易涉税咨询】在破产企业处置财产的过程中，为保障财产买受人的知情权和顺利完成财产处置，管理人可向主管税务机关或拟征收税款的税务机关征询特定重大交易产生税（费）的法律依据及计算方式。如税务机关需要相关参考信息和资料的，管理人应配合提供。税务机关应及时给予答复。

该涉税咨询答复是税务机关依据当时的税收法律、法规、政策，结合管理人设定的条件所作的预测，不具有法律约束力和强制执行力，不属于具体行政行为，不作为最终缴纳依据。该交易应缴纳的税（费）金额以实际为准。

31.【房产税、城镇土地使用税减免】进入破产程序的企业，如符合房产税、城镇土地使用税困难减免条件的，可向主管税务机关提出困难减免申请，由税务机关核准。

32.【特殊性税务处理】破产重整涉及土地等资产变更，符合税收优惠条件的，按相关税收政策规定处理。破产企业重整过程中发生的债务重组所得，符合规定条件的，可以适用特殊性税务处理。

33.【资产损失扣除】人民法院裁定批准或认可的重整计划、和解协议确定或形成的资产损失，依照税法规定进行资产损失扣除。

破产企业向税务机关申报扣除资产损失，应当完整保存资产损失相关资料，保证资料的真实性、合法性。

四、破产企业纳税信用管理

34.【纳税信用修复】税务机关依照破产重整计划或者破产和解协议受偿后，管理人或破产企业可以向税务机关申请，参照"新设立企业"重新评定信用等级，保障重整、和解企业正常经营和后续发展。破产重整、和解企业符合《国家税务总局关于纳税信用修复有关事项的公告》（2019 年第 37 号）条件的，管理人或破产企业也可以在规定期限内向主管税务机关申请纳税信用修复。

35.【税收违法失信案件撤出】破产重整、和解企业存在已被公布重大税收违法失信案件信息的，经管理人或破产企业申请，税务机关审查后可从公告名单中撤出，将相关情况及时通知实施联合惩戒和管理的部门，并协调有关部门依据各自法定职责，按照法律法规和有关规定解除惩戒，保障企业正常经营和后续发展。

36.【免予欠税公告】破产企业存在欠税的，税务机关免予对其进行公告。

五、税务注销及核销"死欠"

37.【税务注销】主管税务机关办税服务厅设置清税注销专窗，办理企业破产清算注销业务，实行专人负责，一窗通办。税务机关同时提供税务注销线上办理渠道。破产企业持人民法院终结破产程序裁定到税务机关申请税务注销的，税务机关即时出具清税文书。

38.【核销"死欠"】税务机关在破产清算程序中依法受偿破产企业欠缴的税（费）本金、滞纳金、罚款后，应当按照人民法院裁定认可的财产分配方案中确定的受偿比例，办理欠缴税（费）本金、滞纳金、罚款的入库。

未受偿的"死欠"税（费）本金、滞纳金、罚款可依法由税务机关核销。

核销"死欠"仅指税收会计在账务处理上的核销，不代表税务机关放弃追缴税（费）本金、滞纳金、罚款的权利。

六、其他事项

39.【建立信息共享机制】广州市中级人民法院和国家税务总局广州市税务局建立常态化的信息共享机制，利用现代信息手段，推动破产程序中的数据共享、业务协同，便利管理人依法履职。

40.【建立破产涉税联络机制】广州市中级人民法院破产法庭和广州市税务局征管和科技发展处建立联络制度，及时研究解决企业破产程序中的涉税问题。

41.【破产概念说明】除特别列明外，本意见中的破产，包括破产清算、破产重整、破产和解。

42.【强清案件适用】人民法院审理的强制清算案件参照适用本意见，税收规范性文件另有规定的除外。

43.【解释和争议处理】本意见由双方工作部门共同负责解释。

未尽事宜或存在争议、歧义之处，由双方工作部门协商解决。

44.【生效日期】本意见经双方审定一致，于2021年7月21日起试行。

第十一篇　府院联动工作

破产管理人是法院依法指定的，受理法院有权指导和监督管理人工作，《企业破产法》第二十二条、第二十三条对此有具体的规定。从管理人履职的责任和风险来看，及时与受理法院保持良好的沟通，十分必要。案件处理期间，管理人应完整地记录执行工作情况并报告受理法院。除了《企业破产法》规定的重大履职行为外，每月还应当向法院提交当月的履职报告，以便法院了解案件进展和与管理人沟通。

管理人除主动向法院汇报履职工作外，还应积极运用府院联动机制。破产案件不仅是法律问题，还是社会治理问题，破产程序的各个流程都离不开政府的参与。因为破产程序需要解决的问题综合了工商、税务、财政、银监、国资、人行、社保、国土、房管、规划、招商、公安、环保等部门的行政管理关系。府院联动机制的有效运转，能更好地解决管理人履职释法的职责，对于债务人财产管理、变价和处置方式均能更加明确、高效，因此，如何合理运用好府院联动机制是提升破产案件效率的关键因素之一，这也是第一次债权人会议前管理人应当开展的工作，故此将该内容放在本篇。

重大疑难破产案件，特别是房地产企业破产案件，管理人必须运用好府院联动机制，否则，面对众多不同类别债权人利益，如何依法处置衡平，仅凭管理人团队力量将会捉襟见肘。笔者团队在经办江门泰达房地产开发公司破产一案中，与前文提及的具体各个行政部门均有接触沟通，并就该案件相关问题与各行政部门开会研讨。本案件也结合团队历年经验，在团队接管前就拟定了如何开展府院联动工作的预案。

以下是我们团队在经办本案件时，根据预案按时间轴开展的府院联动工作内容：

1. 由案件负责人组建府院联动工作小组，定期向法院汇报管理人履职情况；并就特别府院联动工作起草相关文件报告法院和政府专班。

2. 管理人被法院指定后，在阅卷期间向法院报告府院联动预案，并申请法院协调当地政府成立案件专班小组。

3. 参与政府专班小组会议，了解专班小组的成员构成所在单位及职务，听取专班小组在案件处理方向及具体事宜的建议。

4. 案件接管工作，若债务人不配合接管，运用府院联动机制，根据接管预案，采取有效方式接管债务人公章和财务账册，防止产生债务人或债权人对抗事件，保证履职安全，确保接管工作顺利完成。

5. 债权人对法院受理债务人破产申请的程序有疑问，或对抗的，协调当地政法委和信访局，充分沟通和释疑，打消债务人或债权人疑虑，逐步树立管理人公正公平的执业形象。

6. 向法院申请查阅其内部系统的债权人名单，或向相关主管部门了解债权人名单，特别是购房债权人名单，以便全面开展已知债权人通知工作。

7. 为提高案件效率，通过法院和专班小组协调工作，加快债务人财产的解除保全工作，管理人解除正在履行的合同或继续履行合同的变更工作，债务人财产划转工作等，确保依法管理债务人财产。必要时，通过府院联动机制，聘用可靠安保公司提供财产安全保障服务；还有就是对接水电局，恢复正常用水用电供应。

8. 若债务人继续营业的，或因案件原因需恢复征信的，与税务部门和工商部门沟通，恢复相关营业征信或资质许可，防止债务人财产贬值或损失扩大。

9. 房地产企业破产案件中，涉及购房债权人利益时，与政府专班小组沟通，分析续建可能性和续建资金来源；了解债务人财产中项目现状，包括用地性质能否调整和规划条件，深入研究破产申请受理前的各类房屋买卖合同，倒推项目竣工验收备案、确权办证所需的续建工程内容和资料，通过专班小组协调，了解各续建施工方的续建意愿。

10. 管理人拟定的债权审核标准和依据，及时报告受理法院；涉及可能出现影响社会稳定因素的人数众多的债权时，报告政府工作专班工作小组，听取工作小组意见，分析其法律可行性并出具法律意见。本案中，经分析，继续与购房债权人履行购房合同具有较大可行性，最终亦获得债权人会议的表决通过；该方案通过后，国家出台"稳民生、保交楼"政策，方案提前契合了国家政策，彰显了府院联动工作的优势。

11. 由当地国家金融监督管理总局牵头，通过府院联动机制与各大银行召开会议，了解现时的金融政策能否继续为破产房地产企业提供购房按揭服务，及时了解继续履行房屋买卖合同的外部条件和流程，保障"保交楼"工作的顺利推进。

12. 管理人接管并了解项目现状后，分析债务人财产、负债情况，以及重整的可行性；通过工作小组和招商部门协调引荐，发布相关意向投资人的招募信息，了解市场主体对重整投资的意愿和预期。

以上12项为本案件中管理人团队在第一次债权人会议前开展的主要府院联动工作，细节内容还有很多，不再一一详述。因为每件破产案件的情况不尽相同，案件推进方向亦有差别。例如，在我们团队经办的江门泰达案中，仅是通过府院联动工作推动债务人低效资产剥离（通过将债务人名下土地调整用地性质将进行转让，获取续建资金），管理人团队就参加了两次外地调研会议、十多次府院联动会议，出具相关法律分析意见十多份。

本案件中，团队多次会议讨论如何处置现有房屋的续建问题，例如考虑采用信托服务、续建代建商招募等方式，报告府院后，最终综合考虑还是用管理人自行负责续建。这对于管理人团队能力其实是一项极大的挑战，毕竟管理人是甚少有懂建筑专业的。整个续建和后续工作均有赖于府院联动工作的支持。一债会后，府院联动工作大大增加，我这里给大家列举几件重大的内容。

1. 原续建施工方的沟通工作。由于项目停工时间过长，部分原续建施工方不同意继续施工，或者提出要求结清工程款才施工，或者要求增加工程款总额，本案件在当地住建部门的协调下，通过府院联动工作尽可能沟通，并延续相关施工许可，最终恢复施工。

2. 剩余工程的招募工作。要完成项目竣工验收备案，公司还有剩余工程尚未开始，这需要府院联动工作对接符合资质的施工单位，包括招标、遴选、合同价格指导等工作，管理人与相关部门充分沟通了解后进行。

3. 续建过程中，根据项目竣工验收备案的倒推文件，了解是否存在历史遗留未处置或报备的工程内容、未报备的相关图纸和文件，如何补救，以及是否适用原有的建筑规范规定等问题，均需管理人与住建部门提前沟通，并逐一完善。

4. 特别重要的消防工程，应注重及时向府院报告，解决问题障碍，协调原消防工程施工方，以便更快办理消防工程验收。

5. 竣工验收备案环节，需项目五方主体分别对项目竣工表明意见，并加盖五方主体公章，要妥善合规处理原拖欠五方主体工程款事宜，及时报告府院专班小组，打通竣工验收备案的"最后一公里"。

6. 项目竣工验收备案后，需加快项目初始登记，本项目因历史原因需要宗地合并和实地测量，对于项目因施工原因造成的面积差异，应提前报告府院，制订应对方案并通过债权人会议表决，解决问题，避免影响程序进度和造成损失扩大。

7. 对于项目存在的难点事项应第一时间及时与府院沟通，例如本项目中，就遇到未开发土地与相邻他方权属土地共同占用规划建筑楼栋问题，地下室占用相邻土地地下空间问题，以及部分工程未按图施工、部分地下室工程未报建等问题。管理人应当立足《企业破产法》规定之要求，根据实际情况和沟通结果，制订相关履职方案。

8. 为确保一债会表决通过的财产管理方案得以执行，保障与购房债权人继续履行购房合同的外部条件成就，管理人需一直与银行沟通，提供项目原遗留的住房维修基金的支付问题和就破产房企的购房人如何办理按揭问题的可行性方案。

9. 管理人应勤勉尽责，为实现债权人利益最大化，应考虑是否有市场投资主体愿意参与重整以提高债权受偿率。而市场投资主体将不可避免地对项目当地政策、税收等相关问题提出疑问，这需要管理人及时通过府院联动工作，与相关部门沟通，明确投资人疑问，通过政府招商部门引荐或公开招募等方式引入投资人，并协调投资人落实相应政策。

10. 管理人需及时关注债权人的诉求和意见，对债权人提出的问题依法解释，遇到重大问题及时报告府院专班小组，尽量避免维稳事件发生。

综上，府院联动工作是破产程序中不可或缺的一个环节，管理人要充分运用好自身专业优势并积极履职，提升案件效率。在本案件的实务经验中，为更好地处理相关府院联动工作，提高效率，团队一般都规范以下操作流程：各分工小组将遇到需府院联动工作的问题形成书面材料，真实全面反馈情况，特别是一些历史遗留问题；将书面材料报告府院专班小组，并根据企业破产法提出管理人拟处理预备方案；需要专班小组会议讨论的，根据需府院联动工作处理内容，提供参会人员构成名单，并派管理人团队专人参会汇报情况；参会人员要形成会议纪要，以便转达相关府院专班小组工作人员，以及团队全体人员知悉处理内容和讨论意见，开展管理人工作；根据府院专班小组的复函和会议纪要文件，团队召开会议，最终形成处理方案终稿。

第三章　债权人会议工作

第一篇　第一次债权人会议

下面给大家介绍一下我们团队就本案一债会的工作安排，以及怎样做到有条不紊、提高效率。

我们团队往往有固定的工作项目时间表（见表11），这个时间表也被有情怀的团队成员戏称为"高考冲刺表"。每宗个案的一债会事项，都会在该表格中大致罗列所需工作内容，表格的内容是我们团队根据法律规定、结合实务经验，以及每项事务相应的关联主体、事务的不确定性和时耗总结而成。其作用类似战场上的排兵布阵，有其顺位和时效要求，任一环节出错掉链子，均会影响一债会工作的正常开展。

表 11　工作项目时间表

序号	工作事项	时间	经办	完成进度和备注
1	团队内部会议【梳理财产调查、债权申报工作进度和研讨债权人会议文件，以及会议其他事项】	−20 天①		
2	对接会议平台，签约付费	−20 天		
3	确定参会管理人团队成员，职工代表和推荐债权人会议主席	−20 天		
4	与法院沟通一债会召开场址和现场布局、影音设备	−20 天		

---

① 注：−20 天即距离债权人会议召开还有 20 天，下同。

续表

序号	工作事项	时间	经办	完成进度和备注
5	准备会议现场秩序预案、安保预案	-15 天		
6	草拟一债会会议议题和参会须知，并与法院沟通汇报	-15 天		
7	草拟管理人执行职务的工作报告	-10 天		
8	草拟《财产状况报告》	-10 天		
9	草拟《财产管理方案》	-10 天		
10	草拟《债权申报和审查报告》	-10 天		
11	草拟《非现场债权人会议召开规则》	-10 天		
12	提请债权人会议主席的报告	-10 天		
13	【或有】草拟聘用留守人员的报告	-10 天		
14	【或有】提请债务人继续营业或停止营业的报告	-10 天		
15	【或有】提请确认评估机构、审计机构的报告	-10 天		
16	【或有】提请设立债权人委员会的报告	-10 天		
17	【或有】案件转入重整程序或和解程序的征询意见报告	-10 天		
18	草拟其他文件：如管理人报酬、财产变价方案或财产分配方案等	-10 天		
19	根据管理人工作成果补充更正修订以上文件，并校对形成定稿	-7 天		
20	一债会文件定稿发送法院，并发送给平台公示	-3 天		
21	通知并落实会议现场设备、人员和安保事项	-1 天		
22	债权人会议召开			
23	公示债权人会议表决结果	+3 天		

一债会要处理的事项还是蛮多的。主要可以分为两类：第一类是程序事项，即开会时间、开会人员、会议形式等；第二类是一债会议题内容，例如上述表格第7至第18项内容。相关议题文书的样式，这里就不再赘述，《最高人民法院关于印发〈管理人破产程序工作文书样式（试行）〉的通知》中有具体的样式版本。

本案件是广东省人民法院规定的特别重大案件，涉及债权人众多，事务也多。因此，协调统筹好团队工作，对管理人顺利完成一债会工作有重要的作用。我们团队基本是按上述拟定的工作表次序准备的，下面是一些工作要点的梳理，供大家参考：

1. 制作成员和事务分工协调名单。内部会议讨论案件进度和一债会分工是很必要的。我们团队一般依照早先报备法院的团队成员名单和分工，由各组别汇总接管后的工作进度；财产调查组就债务人财产调查情况、管理情况，提出有关债务人财产管理方面的意见，并综合各情形事先准备财产状况报告、财产管理方案，以及应当提供债权人会议审核的其他有关债务人财产的文件；债权组就债权申报和审核进度汇总情况，作好债权申报和审查的工作报告的前置准备，及时提出相应的备选方案，并就个别需临时表决的债权讨论说明理由并形成一致意见；统筹组负责全部统筹事务和具体对接工作，包括会议事务和会议议题文件的归集，以及与债权人、债务人的沟通，并根据目前掌握案件情况，提出相应的方案报告债权人会议，这些方案经过团队讨论，均需确保是符合债权利益最大化且最具可能执行的方案，以便管理人顺利推进案件。

2. 程序事项，我们团队安排了专人跟进。上表中的第2至第5项和第21项中内容由专人负责，确保第一次债权人会议会前会务准备工作能落实到位。为保障全体债权人的参会权利、有效地开展第一次债权人会议，现行采用较多的是线上和线下会议结合的形式，保持网络的及时通畅也是管理人的履职内容之一。甚至，管理人应当事前与网络平台沟通发生网络卡顿和收音效果不佳情形时，制定解决的预案。

3. 与受理法院保持充分沟通。因为受理法院有权监督案件且作为第一次债权人会议的第一次提起召开人，需要提前了解一债会的议题内容。因受理法院不同，在细节内容上的要求也有差别，故需管理人充分沟通并汇报，说明法律依据、理由和分析，以便更好地获得受理法院的支持。管理人提交一债权审查的文稿时，往往需要反复核查，有时候会出现修改五六次的情况。由于法官案件数量多且工作时间紧张，所以需在有限时间内及时地向经办法官递交相关文稿，以便经办法官能更有效率地审查监督，这也是管理人面对的工作内容。

4. 除上表第 7 至第 12 项一般性必备文件外，不同个案可能需要管理人研判案件情况进行预判，并了解债权人的构成和债权比例，掌握案件相关进度，充分运用自身的经验和能力，提前草拟上表中的或有文件，以加快案件的推进。

5. 文件定稿后，一定要反复校对。我们团队一般采用不同组别交叉校对，特别是对文件中的数字和文字上的输入错误，尽可能校对修正。

6. 如果是线下现场会议，管理人应当事先准备好签到表、表决票和会议文件等，保证债权人参会和表决过程的程序合法性；若是线上网络会议，需提前制作相关会议登录指引和表决指引，以确保和方便全体债权人顺利参会。会议中需要对债权人现场答疑的，应事先安排答疑人员。

按表索引处理完上述事项，一债会顺利召开应当没问题了。但法律人，特别是破产管理人是不能懈怠的，还有一些应急事项和疑难问题可能出现，亦需要管理人团队提前预判和作出安排：

1. 债权人参会积极性不高，部分受理法院认为，债权人会议应当具有一定的参会率，一般参会人数要达到债权人总数一半以上。在部分特别重大案件中，具有数百、数千甚至更多的债权人，部分债权人在申报债权后，由于债权人自身因素，以及法律意识淡薄，往往对案件的进展采取观望的态度，没有意识到其表决权对案件结果的重要性。本案件涉及 700 多名购房债权人，有 200 多名购房债权人已经交楼入住，其中有一些债权人根本不关心案件结果，认为已交房，不存在其他诉求，只关心违约金。当然，也有一些债权人因工作原因，不愿意花费时间参会，准备随众应付。对此，我们建议，管理人团队在申报债权时运用多种途径与债权人进行沟通，安排专人处理债权人沟通的各种平台软件，后面在一债会前也多次通过书面温馨提示，以及电话通知、现场解疑和现场投票等多种方式，保证第一次债权人会议的参会率。实践证明，这些方式都是有效的，毕竟更高的参会率才能更符合全体债权人的诉求。但是特别注意的是，管理人为推动债权人会议表决通过方案，对参会数据弄虚作假、代替债权人参会表决，这些都是违背管理人职业纪律的事情，万万不可为之。

2. 债权人对债务人企业破产有抵触情绪，盲目反对表决文件。债权人在破产程序中的债权利益肯定是受损害的，个别债权人会对债务人原股东和实际控制人有较高的愤慨情绪，情绪往往替代理智做决定。以至于对管理人的履职行为也全盘否定，甚至怀疑债务人与管理人有不正当联系，并在债权人沟通群发泄抢占舆论高地，从而导致会议效果不佳。这种情形下，债权人难以理性对待需审核的文件，建议管理人团队，在沟通时不能采取对抗态度，而是不厌其烦地持续解释法律规定，从而解决债权人的疑虑，并且汇总债权人反馈的主要问题，通过公告相应管理人文件、索引法律法规进行解释，实现较好的沟通释法效果。

3. 参会债务人法定代表人不满情绪，引起对抗，影响会议进程。债务人企业进入程序的破产原因多样，也不全是经营决策导致，因此其法定代表人或实际控制人面对全体债权人的指责，也有不满情绪，做出不出席第一次债权人会议或者在会上发表激烈言论的行为。我们团队一般均会在每次与其主要成员沟通（包括接管、债权审核询问）的过程中，不断加深其主要成员对破产程序的正确理解，并充分告知其在破产程序中应当承担的法律责任和后果，并提出相关的可行建议，从而取得其主要成员的理解后，依法出席第一次债权人会议。

4. 法人类债权人，特别是金融债权人和政府内债权人，无法及时表决。房地产开发企业破产案件中，金融机构债权人，部分工程价款优先债权人是国企，其他债权人中也有国企、事业单位、司法机关和行政机构，这些法人类债权人，除民企私企外，一般很难及时在会议召开过程中现场表决，可能需要会后书面表决。这类债权人可能也有代理律师，但仍需完成其内部合规流程后才能进行表决。这就需要较长的时间。管理人团队应当充分考虑上述情况，在第一次债权人会议的会议议题和表决规则中，适当预留足够表决和邮寄时间，以便债权人充分合理地行使其表决权。

5. 慎用默示同意的表决规则。实践中，个别管理人对于参会但未表决的债权，视同其对债权人会议文件的同意，但由于与债权人沟通不到位，往往容易引起债权人的抵触情绪，对债权人会议表决通过文件提起异议，并对管理人是否公平公正执行职务产生怀疑。例如，重大事项中的财产分配方案审核表决，不宜采用默示同意的表决规则，而应当提醒敦促债权人及时行使其表决权利，避免债权人误解管理人存在暗箱操作。因此，管理人在提请债权人会议审核这类表决规则时，应综合考量案件债权人人数、债权人会议召开次数、债权人参会的积极性与成本耗时、债权人组成的类别，以及债权人对破产程序的理解程度等因素，以公平、公正和效率为基本原则，判断是否运用该类规则。例如，破产个案若债权人人数较多、预判债权人会议召开次数较多，并且债权人大多数委托律师代理的，则可以适用；相反情形的，债权人对默示规则的理解相对较难，运用该规则审核表决，并不完全代表债权人真实意思表示，将极易导致债权人对该规则提出投诉。另外，将该规则提请债权人会议审核时，一定要提前作充分解释，对默示规则的主要条款重点标注，尽可能让债权人理解规则的内容。

6. 临时表决权的处理。《企业破产法》在程序上是现行中国法律框架下民商事纠纷最终解决路径，因此，在重大疑难破产案件中，往往存在较复杂的纷争，包括担保中最高额抵押担保、工程价款优先权认定、名为借贷实为投资行为认定和取回权认定等，管理人自接管到一债会召开的期间，可能无法作出审核意见，或者是诉讼待定的，这些申报的待定债权，管理人均需考虑是否申请法院给予临时表决权。我们团队认为，对于事实基本能够认定的债权，还是应当申请临时表决权，即使其申报债权可能与最终裁定结果不一致，也不应剥夺债权人的表决权利。

7. 债权人异议回复。一债会前提前公示会议议题和会议内容，有助于债权人更好地理解管理人工作，也促进债权人对会议内容尽快提出意见和建议，有利于破产程序的推进。因此，管理人需要安排专人负责协调沟通债权人的异议，根据相应法律规定和债权审核原则，第一时间充分沟通，为债权人解除疑虑，得到其对管理人工作的认可，同时也可能减少债权确认或异议之诉。

8. 及时公示表决结果。破产程序的介入和一债会的召开，让权利受损害的债权人看到希望，关注热度达到高点。因此，管理人需依法及时公示表决结果，并尽可能透明、公开，同时对表决结果作出文字说明，以方便债权人理解后续程序的步骤，加快程序推进。

第二篇　管理人执行职务的工作报告

根据笔者经办案件的实践经验，管理人执行职务的工作报告，是依据《企业破产法》第二十三条规定作出的法定履职行为，贯穿整个破产程序，也是管理人草拟次数最多的文件。一方面，工作报告的作用，在于向全体债权人，以及债务人披露相关的执行职务内容，让破产工作透明化，体现管理人履职的公允性；接受法院和债权人会议的监督，确保管理人勤勉尽责，提升破产效率。另一方面，工作报告是对管理人执行职务内容的记录留痕，详尽的报告内容有助于降低管理人的执业风险。

实务中，管理人执行职务工作报告一般都是债权人会议的第一份文件，以便债权人了解执行职务的具体情况，故单列一章进行陈述。每次召开债权人会议，管理人都应将阶段性执行职务工作报告提交债权人会议审核。依法应当披露的信息，以及管理人执行职务的所有工作内容，均应在工作报告中详尽陈述。

事实上，工作报告的内容不仅仅限于提交债权人会议审核。其是管理人执行职务的时间事件轴汇总，也是管理人草拟各种文件的基础依据。例如，向法院汇报的工作报告、专项问题的解决方案、申请府院机制协调解决报告，债权人信访回复函件等，当然还包括破产程序规定的财产管理方案、财产变价方案和分配方案，以及投资人招募方案、债务人财产介绍、提交债权人表决是否追缴注册资本报告和是否追收对外债权报告等。

本案件中，我们团队根据以往破产业务经验，提前统筹安排，以管理人执行职务的工作报告内容，以其为主轴线，按部就班执行职务，极大地提升了执行职务的效率。这里主要介绍一下我们团队的流程和一些有效经验。

一、工作报告的主要内容

根据《最高人民法院关于印发〈管理人破产程序工作文书样式（试行）〉的通知》，工作报告涵括了管理人被指定至报告之日期间的主要职务执行工作。

其主要内容包括：报告开头部分、债务人企业的基本情况和目前状况、执行职务的准备工作、接管工作、债务人财产调查工作、债权申报登记和审查工作、债务人对外债权和投资的清收情况、有关债务人的民事诉讼和仲裁情况、有关债务人财产的追收情况、管理人处分债务人财产的基本情况、聘请审计或评估机构专项审计或评估情况、接受债权人会议和债权人委员会监督的基本情况以及预计工作计划报告的结尾部分。以下就各部分内容的报告经验与大家分享。

1. 报告开头部分。该部分主要是程序事实内容，包括破产申请受理日期、原因和受理具体程序，指定管理人的具体内容和报告引言等。结合我们团队的经验，这一段文字是整个破产程序中使用率最高的部分。因此，草拟规定内容后，应对内容反复校对，避免错误，以便在后续文件中粘贴复用，提升效率。

2. 债务人企业的基本情况和目前状况。债务人企业的基本情况，应充分反映工商查册资料内容，以便债权人会议对债务人企业的基本和变更情况一目了然。债务人企业的目前状况，主要应陈述目前债务人企业经营的现状、企业职工的现状和核心财产的现状等，这对于债权人会议表决是否同意债务人企业继续营业、及时处理债务人财产和判断债务人企业是否具备拯救价值，作为事实内容有助于全体债权人作出适当的判断。

3. 执行职务的准备工作。这部分内容主要是管理人内部管理规范文件，包括团队组成、内部规章制度建立、印章和账号管理，以及工作人员聘请情况等。建议从事破产业务的管理人团队，参照业界的优秀经验，按照重大疑难破产案件的处理程度，提前准备好相应的文件。特别是各种备案和预案文件，不管实际情况是否发生，均建议提前准备，以便全体债权人监督管理人执行职务行为是否勤勉尽责。

4. 接管工作。管理人应当详尽陈述接管的整个过程和接管情况，特别是债务人印章、账册和财产等情况，以及对债务人法定代表人和高管的询问情况；同时，管理人需要特别注意的是，债务人正在履行的双务合同，需要进行及时处理的报告。虽然该部分内容看似流水记账，但对于案件相关利害关系人判断债务人企业后续经营、是否具备重整可能、是否追究清算义务人的清算责任都具有直观的参考价值。若未能全面接管，管理人还应当陈述下一步接管工作计划。

5. 债务人财产调查工作，前文已经有详细的说明。但仅仅是复制粘贴并不全面，管理人还可以将发现的财产线索进行披露，以便相关权利关系人能提供更明确的信息和文件。管理人需勤勉尽责地审查相关文件材料，争取找到财产线索的可主张依据。其至，笔者在其他案件中也看到管理人以悬赏的方式希望找到重大财产线索，当然这种方式应当得到债权人会议的审核表决通过。

6. 债权申报登记和审查工作。除了前文讨论过的内容，管理人应当争取出具更细致、更清晰的债权清册，分别列明各类债权，还可以在报告中披露暂缓确认债权的原因、难点，以及可能提起确认或异议之诉债权的审查难点或瑕疵。

7. 债务人对外债权和投资的清收情况。对于这部分内容，管理人应详尽披露对外债权和投资的相关信息，对分析说明尽调情况和走访情况，有利于全体债权人判断清收的可能性，以及了解受理时债务人的财产状况。

8. 有关债务人的民事诉讼和仲裁情况。这部分内容，管理人主要陈述诉讼和仲裁的具体情况，表述经办法院、诉讼请求和案件进度，亦可以陈述管理人对于个别重大案件的法律分析，结合债务人的陈述和债权人的申报主张进行说明。

9. 有关债务人财产的追收情况。管理人应当在这部分内容中充分陈述，权属于债务人财产的现状，以及追收的过程。对于相关利害方拒绝配合追收的，管理人员应作出详细说明，并阐释管理人采取追收方式的依据和可能性。

10. 管理人处分债务人财产的基本情况。这部分内容主要是对受理后一债会前需紧急处理的债务人财产进行说明，以及依法经人民法院同意的依据。并对债务人财产处理后的结果下一步工作计划进行说明。

11. 聘请审计或评估机构专项审计或评估情况。有关审计或评估机构的选聘过程、时间节点，管理人需要详尽陈述，体现破产程序的公开透明。另外，对于出具的审计和评估结果，管理人应当作出自己专业的判断说明，分析债务人是否资不抵债、资不抵债的核心原因以及债务人重大财产的去向。

12. 结尾部分。该部分主要内容是下一步的工作计划以及时间安排，有利于债权人会议的监督，也可以陈述说明案件的可能走向预判，有利于债权人会议对管理人工作的理解。

二、记录和汇总报告内容的方式方法

根据前文提及的工作报告内容，我们团队在被指定为管理人之前都会有几个固定的小模板，一般是根据不同的企业性质和重整或者清算模式进行区分。团队一般按以下步骤记录和汇总工作报告：首先，在团队讨论时，形成案件预判结果，并选择合适的小模板，通报管理人内部群，要求按该小模板的统一格式和要求作出工作留痕；其次，各组别按照案件进度分别记录管理人工作，并将其工作留痕及时汇总到合适的段落位置；最后，汇总的过程中采用的是在线编辑的文本，这样，整个团队成员都可以知道案件进度，并互相学习，任一成员在工作报告在线文本中也有工作留痕，以便及时更正和纠错。当然，过程中也会碰到一些特殊执业事项难以归类，需要经验丰富的成员进行梳理，以便工作报告更清晰直观。

另外，对于不同时间段递交的阶段性工作报告，还要求团队成员在更新的时候，以描黑或下划线的特别标注，作出醒目的提醒，以降低受众的阅读成本。

通过以上的方法，对于管理人过往的一些执业工作内容，早期工作报告版本已经固定，减少团队反复校对和审查的时间，大大提升管理人工作效率；同时可以对工作内容查漏补缺，督促团队及时处理未完成工作事项。

三、工作报告的固定和运用

我们团队工作报告的固定，一般由案件负责人处理。负责人根据不同时间段的要求，以及工作报告的受众，删减或增加部分内容，并最终形成固定版本，由团队成员交叉校对后盖章出具。团队也在尝试通过 AI 工具对管理人工作内容作出更细致的分类，以便随时形成各类别的专项报告。

管理人执行职务的工作报告，是管理人全部主要工作的记录文件。本案件中，我们团队向法院提交的月度工作报告以及递交给府院的专项报告、接管报告、财产状况报告、债权申报和确认报告，还有税务调查报告、重整投资人招募公告等破产程序中需出具的文件，均反复运用管理人执行职务的工作报告，其应用场景十分宽泛，且使用率最高。因此，做好一份详细的工作报告，对于管理人团队办好一宗破产案件，十分关键。

以下是最高人民法院印发的管理人工作报告模板，格式模板中列明了执行职务报告的主要内容。管理人应当在具体报告中依据主要内容起草报告，并在相应内容中添加具体案件执行事务的细节。

文书样式 33

管理人执行职务的工作报告

（××××）××破管字第×号

×××（债务人名称）债权人会议：

×××（债务人名称）因＿＿＿＿＿＿＿（写明破产原因），×××（申请人名称/姓名）于××××年××月××日向××××人民法院提出对×××（债务人名称）进行重整/和解/破产清算的申请［债务人自行申请破产的，写×××（债务人名称）因＿＿＿＿＿＿（写明破产原因），于××××年××月××日向××××人民法院提出重整/和解/破产清算申请］。

××××人民法院于××××年××月××日作出（××××）×破（预）字第×-×号民事裁定书，裁定受理×××（债务人名称）重整/和解/破产清算，并于××××年××月××日作出（××××）×破字第×-×号决定书，指定×××担任管理人。

本管理人接受指定后，依据《中华人民共和国企业破产法》之规定，勤勉忠实地履行了管理人职责，现将有关执行职务的情况报告如下：

一、债务人/破产人（企业）的基本情况

1. 企业的设立日期、性质、住所地、法定代表人姓名；

2. 企业注册资本、出资人及出资比例；

3. 企业生产经营范围；

4. 企业员工状况；

5. 企业资产财务状况；

6. 企业目前状态。

二、执行职务的具体情况

（一）执行职务的准备工作

1. 管理人团队的组成情况；

2. 管理人内部规章制度的建立情况；

3. 聘请工作人员情况。

（二）接管债务人财产的基本情况

1. 接管时间；

2. 财产接管状况；

3. 均未履行完毕的合同履行或者解除情况；

4. 需保留劳动关系的职工情况；

5. 需解除劳动合同的人员状况及安置方案、工资和补偿金数额。

（三）债权申报登记工作情况

1. 债权申报的期间；

2. 登记的各类债权户数和总额；

3. 认为成立的各类债权户数和总额；

4. 认为不成立的各类债权户数和总额；

5. 职工债权笔数和总额；

6. 异议债权的基本情况。

（四）债务人对外债权、投资的清收情况

1. 要求债务人的债务人或财产持有人清偿债务或者交付财产的情况；

2. 对外债权的清收情况及清收总额；

3. 对外投资、股权总额以及处置方式、权益收回的基本情况。

（五）有关债务人的民事诉讼和仲裁情况

1. 民事诉讼与仲裁的案件数量、争议标的金额、程序进展等；

2. 有关债务人财产的保全措施解除情况；

3. 有关债务人财产的执行程序中止情况。

（六）有关债务人财产的追收情况

1. 依据《企业破产法》第三十四条追回财产的情况；

2. 请求出资人补缴出资款的情况；

3. 追回高管非正常收入和侵占财产的情况；

4. 取回担保物的情况；

5. 取回在途买卖标的物的情况；

6. 权利人行使取回权、抵销权的情况。

（七）管理人处分债务人财产的基本情况

1. 债务人财产评估情况；

2. 债务人财产的处置（包括拍卖、变卖情况）。

（八）资产审计、评估工作情况

1. 聘请审计或评估机构专项审计或评估情况；

2. 对审计后资产、负债情况的确认。

三、接受债权人会议和债权人委员会监督的基本情况

……

特此报告。

四、（管理人印鉴）

××××年××月××日

五、

附：相关报告材料

说明：

一、本文书依据的法律是《中华人民共和国企业破产法》第二十三条之规定："管理人应当列席债权人会议，向债权人会议报告职务执行情况，并回答询问。"由管理人递交债权人会议。

二、本文书应当详细列明管理人接受指定后，在工作准备、财产接管、债权债务清理、债权申报登记、财产处分等方面的职务执行情况。相关职务执行情况有具体报告的，应当作为本文书的附件一并递交债权人会议。

三、管理人处分债务人财产的行为系指《中华人民共和国企业破产法》第六十九条规定的行为。

第三篇 财产管理方案

根据《企业破产法》第六十一条的规定，破产程序中，管理人如接管到债务人财产或财产尽调中发现具有债务人财产情形的，财产管理方案必然是需要提交债权人会议审核的文件之一。个人认为：管理人应当勤勉尽责地执行职务，务必使债务人财产不遭受贬损、灭失、权利被侵害等情形，还应力争债务人财产增值，财产管理方案的最终目标就是债务人财产权益最大化。

一、财产管理方案的主要内容

团队在拟订管理方案过程中，首先是根据《最高人民法院关于印发〈管理人破产程序工作文书样式（试行）〉的通知》中的格式文书拟定框架内容：

文书样式 35

关于×××（债务人名称）财产管理方案的报告

（××××）××破管字第×号

×××（债务人名称）债权人会议：

×××（债务人名称）因＿＿＿＿＿＿＿（写明破产原因），×××（申请人名称/姓名）于××××年××月××日向××××人民法院提出对×××（债务人名称）进行重整/和解/破产清算的申请［债务人自行申请破产的，写×××（债务人名称）因＿＿＿＿＿＿＿（写明破产原因），于××××年××月××日向××××人民法院提出重整/和解/破产清算申请］。

××××人民法院于××××年××月××日作出（××××）×破字第×-×号决定书，指定×××担任管理人。

本管理人接受指定后，于××××年××月××日接管了债务人财产，现提交《债务人财产管理方案》供债权人会议审议。

一、债务人财产的接管

（一）接管的具体步骤

列明接管的时间、措施；制定的接收方案；包括交付财产通知、接管通知、《接管清单》等在内的各类接管文件。

（二）接管的债务人财产及资料汇总

1. 固定资产和实物资产

2. 无形资产

3. 有价证券

4. 尚未履行完毕的合同

5. 债务人的诉讼、仲裁案件的材料

6. 财产权属证书

7. 印章、证照

8. 财务账册、银行存款凭证等财务资料

9. 债务人银行账户资料

10. 人事档案

11. 文书档案

12. 其他接管的财产

（三）未接管债务人财产及资料总汇

列明财产清单及未接管原因。

二、债务人财产的管理

（一）对接管财产的管理措施

1. 列明各项有关债务人财产管理的规章制度，例如：《债务人财产保管和使用办法》、《债务人印章和资料的保管和使用办法》、《债务人财务收支管理办法和标准》等；

2. 列明债务人财产、账簿、文书、资料的保管措施；

3. 列明债务人财产的安全保卫措施。

（二）未接管财产的追回措施

列明未接管财产的追回方案。

特此报告。

（管理人印鉴）

××××年××月××日

附：1.《财产接管清单》、《财产状况报告》等材料（略）；

2. 各类财产管理的规章制度。

说明：

一、本文书依据的法律是《中华人民共和国企业破产法》第六十一条第一款第八项之规定，由管理人向债权人会议提交。

二、本文书应当列明财产接管的具体情况，财产接管后的保管、处分等管理制度和措施，以及对未接管财产如何进一步接管，或者如何追回被他人占有的债务人财产的具体方案。

根据上述文书格式范本，财产管理方案在债权人会议前期的管理人工作中已基本完成，管理人按照格式将之前的工作记录内容复制粘贴就可以形成财产管理方案的初稿。但实践中，一份具有可执行性的财产管理方案，所涉及的内容远不止于此。对于接管的财产，采用何种管理方式、由谁管理，管理人均应在财产管理方案中予以详细说明，管理人更应从自身专业上陈述这一具体管理方式的优劣，以及可能因此产生的破产费用，以便全体债权人作出判断后审核管理方案。而未接管的财产，管理人如何追回、能否追回，追回需要的时间和成本，管理人亦需公正、专业地进行陈述。因此，除了法律专业知识，管理人需要掌握涉及债务人财产的其他专业知识，例如财会知识、商业知识、知识产权和公司管理知识等各种不同的专业知识，管理人综合知识越丰富，就越可能拟订较好的财产管理方案，并最终契合财产管理的原则和宗旨。

二、本案件涉及的财产管理

我们团队为提交第一次债权人会议审核共草拟了四稿财产管理方案。第一稿财产管理方案主要体现在保交楼的实施；第二稿是对不同购房人管理方案的细化；第三稿是解决房产交付的遗漏问题；第四稿是解决车位管理的问题。第一次债权人会议提交的财产管理方案，除了基础的财产管理内容，主要是已销售房屋的管理内容。从保护购房债权人利益的角度，根据原有报告给受理法院的债权审核标准，结合本案的综合因素，依据广东省高级人民法院出具的破产案件执业规范，提出与购房债权人继续履行购房合同的管理方案，并且将继续履行合同所产生的费用作为破产费用。当时管理人多次与地产界专业人士沟通，了解房地产行业的近况后认为：继续履行合同交付房屋比解除合同后变价更具合理性。该管理方案提交后，通过与全体债权人的深度沟通，最终得到债权人会议的高票通过。该方案通过一年后，国家提出"稳民生、保交楼"政策，我们团队在一债会提出的该财产管理方案与后期的国家政策相契合，得到了更多债权人的认可。

由于程序期限和管理人非建筑专业等原因，第一次债权人会议审议通过的财产管理方案仍有很多细节未能明确，因此，我们团队在一个月内召开了第二次债权人会议（以下简称二债会），主要内容涉及项目续建内容和不同类别的购房债权人的不同处置具体方案。其中，我们团队对哪些项目需要和原承建方签订续建合同，续建条件及变更，未施工项目如何招标续建方，程序上如何确认，工程款如何结算，工程款定性为破产费用等方案内容。还针对不同的购房债权人类别，包括已交全款的购房债权人，缴交部分款项的购房债权人，要求解除购房合同的购房债权人，商铺和车位的购房债权人等，分别拟定了管理方式提交债权人会议审核。

二债会后，复杂的建筑工程让我们团队十分头疼。续建基本完工后，发现小区园林和地下车位部分工程存在问题，不满足原购房合同约定的交楼条件，因此，我们团队不得不在第三次债权人会议上又提交了财产管理补充方案审核。

第三次债权人会议提交的财产管理方案，是基于当时没有重整意向方和保护购房债权人的背景拟定实施的，该阶段中无法找到合适的续建总包方，也没有共益债投资方，因此，管理人在破产清算程序下，要完成续建，在依据债权人会议审核通过的方案下，既当工程甲方，又当工程乙方，给我们团队增加了繁重的工作。建议管理人在碰到类似续建保交楼案件时，发挥逆推思维，以保交楼确权办证为始点，倒推需要开展的续建工作，提升案件处理效率，避免出现本案类似情况。

正是由于管理人对于建筑专业的缺乏，后续我们团队在第六次债权人会议上又提交了一份财产管理方案，主要是关于地下车位的历史遗留问题，包括其如何保障小区业主的使用，车位的管理费用等问题，以改善小区整体居住环境。

三、其他实体企业可能涉及的管理方案内容

其他实体企业，其涉及的债务人财产类型众多，管理人应当勤勉尽责地管理债务人财产。根据《企业破产法》的规定，有以下几种情形，管理人应当及时制定财产管理方案（见表12）：

表12　管理人需制订财产管理方案的情形

需制订财产管理方案的情形	《企业破产法》依据条款
追加因被撤销或无效行为取得的债务人的财产	第三十四条　因本法第三十一条、第三十二条或者第三十三条规定的行为而取得的债务人的财产，管理人有权追回。
管理人员非正常收入和财产的追回	第三十六条　债务人的董事、监事和高级管理人员利用职权从企业获取的非正常收入和侵占的企业财产，管理人应当追回。
管理人取回质物、留置物	第三十七条　人民法院受理破产申请后，管理人可以通过清偿债务或者提供为债权人接受的担保，取回质物、留置物。 前款规定的债务清偿或者替代担保，在质物或者留置物的价值低于被担保的债权额时，以该质物或者留置物当时的市场价值为限。
权利人财产的取回	第三十八条　人民法院受理破产申请后，债务人占有的不属于债务人的财产，该财产的权利人可以通过管理人取回。但是，本法另有规定的除外。
在途运输标的物的取回与交付	第三十九条　人民法院受理破产申请时，出卖人已将买卖标的物向作为买受人的债务人发运，债务人尚未收到且未付清全部价款的，出卖人可以取回在运途中的标的物。但是，管理人可以支付全部价款，请求出卖人交付标的物。

续表

需制订财产管理方案的情形	《企业破产法》依据条款
应当及时报告的管理人行为	第六十九条　管理人实施下列行为，应当及时报告债权人委员会： （一）涉及土地、房屋等不动产权益的转让； （二）探矿权、采矿权、知识产权等财产权的转让； （三）全部库存或者营业的转让； （四）借款； （五）设定财产担保； （六）债权和有价证券的转让； （七）履行债务人和对方当事人均未履行完毕的合同； （八）放弃权利； （九）担保物的取回； （十）对债权人利益有重大影响的其他财产处分行为。 未设立债权人委员会的，管理人实施前款规定的行为应当及时报告人民法院。

除以上六项财产管理行为外，《最高人民法院关于适用〈中华人民共和国企业破产法〉若干问题的规定（二）》中规定的财产管理内容，管理人也要审慎注意，并及时依法执行职务。

四、财产管理方案草拟时，需考虑的因素

本案件中，因债务人主要财产为存货和在建工程，管理人拟订财产管理方案提交债权人会议审核，其中债权人有疑虑的是，通过剩余债务人的现金，用于续建，实现继续履行购房合同和债务人财产可变现流通的目的。个别债权人质疑对于这一方案中运用非抵押权的现金财产进行续建，添附于已有财产担保债权的债务人财产，有可能影响不同顺位债权人产生不同受偿率，但经过管理人充分沟通解释，基于保交楼、债务人财产确权变现流通、案件重整或清算必然的管理方式，各方式所需的办理时间等因素，最终财产管理方案获得全体债权人高票通过。

综上，笔者认为，在财产管理方案拟订初期，管理人应当结合案件综合因素进行预判。对于案件是否可能重整，或者重整不成功转为破产清算，债务人财产如何高效变价才能实现债务人财产价值最大化，从最终结果进行倒推，并将管理工作的具体实施行为进行细化，包括实施时间、可能产生税费金额、债务人财产的定性和分类处理、市场对于债务人财产的价值判断或预期等内容，经过团队严谨论证后，再客观地依法拟定财产管理方案。考虑到债务人财产的多样性，管理人需充分征询涉财产内容的非法律其他专业人员的意见，才有利于财产管理的最终有效结果，也是我们团队在财产管理事项中获得的经验，供大家参考。

第四篇　财产变价方案

管理人依法对破产财产或债务人财产进行变价，是财产分配的前提工作，依法必须提交变价方案供债权人会议审核。根据《最高人民法院关于印发〈管理人破产程序工作文书样式（试行）〉的通知》中的格式文书，管理人可草拟变价方案的基本内容。虽然该格式文本中的内容十分全面易理解，但实践中，仍有许多值得思考和商榷的地方，需要管理人审慎尽责地处理，且需遵循财产价值最大化、兼顾效率的变价原则。下面根据团队的实务经验，就常见的问题进行分享探讨。

一、变价财产的范围

根据《企业破产法》第三十条和《最高人民法院关于适用〈中华人民共和国企业破产法〉若干问题的规定（二）》第一条的规定，变价的财产范围包括破产申请受理时属于债务人的全部财产，以及破产申请受理后至破产程序终结前债务人取得的财产债务人财产，除债务人所有的货币、实物外，债务人依法享有的可以用货币估价并可以依法转让的债权、股权、知识产权、用益物权等财产和财产权益，人民法院均应认定为债务人财产。因此，债务人上述财产均应作变价处理。

虽然原法律规定债务人宣告破产后，才可对破产财产进行变卖，但《最高人民法院关于适用〈中华人民共和国企业破产法〉若干问题的规定（三）》第十五条规定："管理人处分企业破产法第六十九条规定的债务人重大财产的，应当事先制作财产管理或者变价方案并提交债权人会议进行表决，债权人会议表决未通过的，管理人不得处分。"

因此，在宣告破产前需对财产变价的，可经债权人会议表决通过相关财产变价方案。

基于财产价值最大化原则，管理人在草拟债务人财产变价方案时，应当审慎、全面地对债务人财产变价，分别对债务人权属的不动产、动产、证券基金、无形资产、应收账款等公开合理变价，并分别根据评估或法律依据草拟相关的变价细节。除了实物外，对于其他涉及用益物权和共有财产要特别审慎处理，建议在合法合规前提下充分沟通并取得相关利害关系人的理解。

房地产企业破产案件中，经常会碰到一些历史遗留的重大疑难的问题。本案件中，债务人财产中有一块尚未开发的土地，关系十分复杂：该土地因为历史原因，在原有宗地被分割时又碰到司法拍卖出让，导致现状是这一块土地原规划建设的一栋楼宇正好位于该地块与相邻地块的用地红线中，且原有规划不可变更，需要与相邻地块权属人协商一致才能进行开发建设；该地块因历史原因建设的地下车库，占用了相邻地块的地下空间；该地块部分地上面积用于小区园林建设，与保交楼后小区的全体业主的权益有冲突；该地块原建设的销售中心其实际用途应为报建时的幼儿园，但原债务人未按图施工；该地块设有担保债权，并且工程款优先债权未清偿完毕，土地变价款明显不足以支付上述两笔债权，抵押债权与工程款优先债权存在利益纷争；等等。以上问题一直难以解决，通过我们团队一年多的努力，最终取得多方的理解，在财产变价时充分披露相关财产瑕疵，该债务人财产得以变价。

我们团队建议，管理人在草拟财产变价方案时，除了明确变价的财产范围，还要对范围内全部财产认真进行梳理，明确其背后的法律关系，提前做好沟通，查找相关的法律规定后，依法有据地拟定相关变价具体方案。

二、变价财产的处置方式。依据《企业破产法》第一百一十二条规定，针对个案中不同的变价财产，采用打包处置、组合处置或单独处置的方式，管理人应当从债务人财产价值最大化的角度进行思考

打包处置方式，有利于债务人财产快速变价；整体出让时，把财产中的不动产、动产设备、无形资产和应收账款一并出让，对于目前难以准确估值的无形资产和应收账款而言比较有利的，有利于体现无形资产和应收账款应有的附加添附价值和赋能作用。特别是对于产业投资人，若打包出让能令该买受人加快进行生产、提高效率，产业投资人必将考虑将买受后的后续运营可能减少成本用于竞投变价财产，这也终将推高变价金额，有利于债务人财产价值最大化。

组合处置方式，不同变价财产组合方式应充分考虑市场需求。部分变价财产中的无形资产是依托于其他不动产或动产设备的，若将其拆分，会影响其价格。而且单独处置该类无形资产，不管是使用重置成本法、市场比较法和收益法任一评估方法，均无法充分体现其价值，只有与关联不动产或动产组合处置，才能更好实现处置对价。

单独处置方式，即将不同的变价财产完全拆分处置，这样市场追捧的个别财产将会快速变价，反之，不被追捧的财产将面临多次折价，甚至处置价值不足以支付处置费用。当然，若是单一核心财产价值远高于其他需变价财产，或其他需变价财产不会影响核心财产的价值且自身财产价值不高，那么单独处置核心财产也是有利于提升处置效率的，毕竟效率原则也是财产处置需兼顾的，提高处置时间，也意味债权人能更快受偿。

因此，对于采用何种处置方式，管理人除了应当勤勉尽责地履职外，还需要对市场需求作必要的了解，这就对管理人的商业知识和行业知识提出要求。管理人通过其非法律知识对处置方式进行预判，并结合案件是否有可能转重整程序或和解程序，以及变价财产是否重整所必需等因素，才能有利于变价财产价值最大化。当然，市场是变化的，管理人也可以选择转换处置方式，并提交债权人会议得到授权，以便根据市场变化调整。本案件中，在财产变价前，我们团队陆续接洽了二十多位销售运营方，希望将核心的房屋、商铺以及车位打包交给销售运营方去处置，但因为当时的房地产市场下行和其他原因，销售运营方均对预期处置不太乐观，故未得以实施。所以，后来团队在递交债权人会议审核的财产变价方案中，选用了多方式授权的方案，并在实施处置过程中，对相应市场需求作出调整，因此变价财产最终获得合适的对价，债权人及时受偿。

三、价值贬损严重财产的预计处置方案

管理人在实务变价财产过程中，部分价值贬损严重财产未能得到市场认可，将可能出现其变价价值不足以支付变价费用的情形，管理人预判出现此类情形时，建议尽可能考虑采用公开拍卖之外的处置方式。

我们团队在其他案件中，常遇到个别动产设备、汽车、知识产权和商标等财产，其变价价值不足以支付变价费用的情形。团队在草拟变价方案时会适时添加相关条款，以便管理人碰到该种情形时按财产变价方案执行。实务中，还有一种原因有可能导致出现以上情形，即该类财产价值严重贬损时损害了债权人利益，而债权人利益中又涉及国有资产流失等问题，实务中，作为债权人的国有资产公司往往因合规问题，要求管理人对此类财产不再继续变价，而是要求以物抵债。本案件中，也遇到了该类情形，我们团队在变价核心财产房屋时，因市场原因价格过低，主要债权人中工程价款优先债权人基于其内部合规，提出以物抵债，并向管理人提交书面申请。后团队报告受理法院后经法院裁定，同意其以物抵债申请。

四、变价财产的变价依据。财产管理方案草拟时需考虑多种因素，例如时间、税费、定性、分类、从重整成功或清算的最终结果倒推过程

本案件中，因债务人主要财产为存货和在建工程，管理人拟订财产管理方案提交债权人会议审核。其中债权人有疑虑的是，通过剩余债务人的现金，用于续建，达到继续履行购房合同和债务人财产可变现流通的目的。个别债权人质疑对于这一方案中运用非抵押权的现金财产进行续建，添附于有财产担保债权的债务人财产，有可能使不同顺位债权人产生不同受偿率，但经管理人充分沟通解释，基于保交楼、债务人财产确权变现流通、案件重整或清算必然的管理方式，以及各方式所需要的办理时间等因素，最终经全体债权人表决，该财产管理方案高票通过。

综上，笔者认为，在财产管理方案拟订初期，管理人应当结合案件综合因素进行预判。对于案件是否可能重整，或者重整不成功转为破产清算，债务人财产如何高效变价才能保障债务人财产最大化，从最终结果进行倒推，并将管理工作的具体实施行为进行细化，对实施时间、可能产生的税费金额、债务人财产的定性和分类处理、市场对于债务人财产的价值判断或预期等内容细化，经团队严谨论证后，再客观地依法拟订财产管理方案。考虑到债务人财产的多样性，充分征询涉财产内容的非法律其他专业人员的意见，才有利于达成财产管理取得最终有效结果。

五、对于快速变现的财产范围判断和依据

在上一段变价依据中提及，案件可能出现变价财产市场价值严重贬损的情形。而对于一些市场价格周期过短的财产，评估价格往往不符合市场预期，评估价格过高，若按评估价格作为起拍价，往往出现多轮流拍情形，导致市场意向买受人观望情绪越发高涨，形成恶性循环，不利于财产合理变价。此种情形下，管理人可以对评估价格进行调查和预判，在评估价格基础上下调20%或30%作为评估依据，以便快速处置。并且价格下调仅作起拍价，若市场认为其实际价值应当更高，亦会出现反复竞拍的情形。这亦需要管理人和平台多方的共同努力，全面公开披露给更多意向买受人，我们团队在日前处置的其他财产中，某厂房经300多轮竞价，溢价200%成交。

但提醒注意的是，管理人在提交该快速变现方式方案时应向债权人会议充分说明快速变价的考虑因素、调查结果和法律分析，以便全体债权人能清楚知悉。实务中，亦可与评估机构沟通，让评估机构依据评估方法直接出具快速变现价格的报告内容，以便管理人将其作为变价依据，团队认为，这是一种比较可取的办法。

六、变价处置平台的选择

公开拍卖平台的主流选择是阿里拍卖和京东拍卖。团队观点，阿里拍卖效果好，关注人群暂时相对多一些；而京东拍卖提供定向服务，就拍卖标的适用群体推广相对具体。管理人需要根据不同的拍卖标的的有关特征和属性，进行必要的

选择。对于一些非标类拍卖标的，管理人应事先在平台上进行搜索，查看是否有相似类型拍卖标的、该类型拍卖标的的成交情况等，从而作为平台选择的依据。当然，还有一些平台可供选择，比对一些拍卖公司，涉及农村集体经济属性拍卖标的可选择"三资"监督管理平台。实务中，由于拍卖标的的原因，我们团队一般在变价方案中由债权人会议授权管理人自由选择平台，并可以更换，以便达成更好成交结果。

另外，涉及一些简单、小额的标的，基于兼顾效率原则，部分平台提供网络估值的服务，减少破产费用和提高案件效率，管理人可充分与平台方洽谈，综合判断并选择合适平台进行财产变价。

七、对有财产担保债权的财产变价时应注意事项

债务人财产变价过程中，需变价财产较大概率涉及有财产担保债权，特别是房地产企业破产案件和涉及土地厂房处置的案件。对于变价方案的相关内容，有财产担保债权人比其他债权人更为关注。其关注点一般集中在平台选择、变价依据、变价具体方式、税费承担等事项，管理人应当提前与有财产债权人沟通，征询其对变价方案初稿的意见。个别案件，为提高处置效率，有可能影响其财产的权益，例如，本案件中，为解决历史遗留问题和快速变现未开发土地，需要抵押权人就因历史原因被占用且不可恢复的抵押物部分价值作出让步，才能顺利进行变价。管理人碰到该类情形时，不仅需要反复沟通，理解该抵押权人的内部合规流程，从勤勉尽责角度，建议有效沟通后取得抵押权人的书面确认。

另外，变价过程中，对于流拍后是否继续拍卖，每一阶段均需通知有财产担保债权人，听取并理解有财产担保债权人的反馈意见。若有财产担保债权人书面申请以物抵债时，需严格审查是否符合财产变价方案内容和法律规定后，及时保障有财产担保债权人行使其合法权益。

八、变价过程中的涉税问题

管理人变价方案中内容可参考最高院关于执行拍卖的相关规定，但破产财产拍卖并不等同于司法拍卖。相对于目前司法拍卖规定买卖各方需各负各税，破产

财产拍卖仍可以约定买卖一方各负各税或任一方承担全部税费。在选择何种税负方式时，建议管理人先行了解清楚拍卖标的成交所涉及税种和税费，特别是不动产变价时，土地增值税和企业所得税是难点事项，前面的债务人税务事项篇中已提及，此处不再赘述。我们团队目前新增加注册会计师成员和税务师成员，可根据其专业经验提供税务分析和筹划，最终目的亦是围绕债权人利益最大化而设定的。

最后，提醒各位读者注意程序问题。根据《企业破产法》第一百一十一条规定，若财产变价方案提交债权人会议审核且表决通过的，则仅需报告受理法院，管理人可按财产变价方案内容进行变价，无须提交受理法院裁定；若依照《企业破产法》第六十五条第一款裁定的财产变价方案，管理人应当等裁定生效后并依据裁定的财产变价方案内容执行变价。

第五篇　财产分配方案

《财产分配方案》是债权人翘首企盼的法律文书，管理人亦同样重视。方案的落地，代表整个破产程序告一段落，依照法律规定债权实现受偿，体现了《企业破产法》的公允性和社会作用，也是世界银行对营商指标的考核要点。当然，由于债务人资不抵债，债权人不可能对其债权受偿金额完全满意，但毕竟是法律规定；而管理人需要处理的是，如何在分配方案中事无巨细地阐述方案的拟订原则、依据和内容，如何得到全体债权人的理解和支持，这十分考验管理人草拟财产分配方案的执业功底。

财产分配方案应包括的主要内容，以及分配方案的主要格式，我们团队一般引用《最高人民法院关于印发〈管理人破产程序工作文书样式（试行）〉的通知》中的格式文书拟定框架内容，主要内容为参加分配的债权情况、可供分配的财产总额、分配的顺序、比例和数额、分配实施办法和特定财产的分配方案等，详见后文格式样式。其中，设定担保权的破产人特定财产不纳入破产财产范围这一事项，实务中并不一定适用，当管理人面临特定财产溢价超过担保范围时，还是应当注意其溢价部分的分配处理。另外，对于方案拟订时暂无法处理的债务人财产如何进行补充分配，管理人也应当在分配方案中明确相关具体内容。

一、参加分配的债权表决权的问题

《企业破产法》规定，债权人会议决议的通过，应满足表决人数和表决债权额两方面条件的要求。而财产分配方案为一般表决，一般表决需由出席会议的有表决权的债权人过半数通过，且其所代表的债权额占无财产担保债权总额的二分之一以上，即"双过半"原则。那么，案件中有表决权债权人的身份和金额确认，需要管理人依法在财产分配方案中列明，否则，将影响该方案的程序公平性。因此，建议管理人在表决时审慎对待下列情形：

1. 经法院裁定确认的无财产担保债权应给予其表决权

管理人依法定程序将认定债权提交债权人会议审核后，无债权人或债务人提起异议，则该债权要受理法院裁定确认后，符合法定程序的，应当在财产分配方案中给予其表决权。

2. 有财产担保债权的债权金额

一般情形下，财产分配方案均是在财产变价后提交的，因此，担保标的物变价后的价值是确定的，管理人将依据裁定的债权金额减去其有财产担保债权金额后，给予其剩余债权金额表决权；实务中有争议的是，倘若担保标的物尚未变价，如何确认有财产担保债权金额是否全额有偿，担保标的物受偿后是否有剩余部分债权未受偿，未受偿的债权金额如何确定，均是影响有财产担保债权就财产分配方案是否具有表决权的重要因素。管理人应审慎依据公平性原则研判是否给予其表决权，尽可能保障财产分配方案表决的程序公平。另外，税款债权亦应依法进行区分。

3. 暂缓确认债权

亦称为尚未确认债权，一般是指诉讼过程中尚未经司法判决的债权，或是因时间原因或补充申报，尚未提交债权人会议审核的债权，如何合理赋予其临时表决权，管理人亦应当作出其合法、公平、专业的判断。我们团队在具体案件中，一般均以其无争议部分债权额向人民法院申请临时表决权，保障债权人的合法表决权益。

4. 劣后债权

《全国法院破产审判工作会议纪要》规定，破产财产在依法定顺序清偿后仍有剩余的，可依次用于清偿民事惩罚性赔偿金等惩罚性债权。因该类债权清偿顺序在普通债权之后，因此又被称为劣后债权。

民事惩罚性赔偿金、行政罚款、刑事罚金等劣后债权的债权人依法申报债权后，是否享有表决权，法律上目前并无具体规定。债务人财产相对充足的特别个案情形中，劣后债权人的债权仍然可能获得清偿。在此种情形下，劣后债权人对于破产财产分配方案是否享有表决权，实务中也存在一定争议。

二、实物分配应注意的事项

虽然《企业破产法》规定债权分配以现金分配为主，但特定情形下，不可避免出现实物分配的情形。在当下的房地产市场环境下，房地产开发企业破产案件中亦出现该类情形。本案件经办过程中，管理人勤勉尽责，在极短的时间内完成了在建工程的竣工验收和确权办证，在尾盘房屋的销售过程中，虽以代销包销等方式招募，但仍抵不过当时的房地产价格下行的市场大势，最终进行公开拍卖。在多轮流拍的情形下，工程款优先债权人基于其内部合规和防止国有资产流失的前提下，向管理人提出以物抵债申请（实质上就是实物分配），最终由法院裁定债务人财产以物抵债。

本案件中，管理人向债权人会议提交了财产变价方案的补充方案，以便债权人会议授权管理人对现有财产采用包销方式或以物抵债方式进行变价。这是在与数十家重整意向方洽谈失败后且市场观望情绪下多轮流拍的情形下，对财产变价方案的完善。

结合该案的经验，我们团队建议，在实物分配的具体操作中，管理人务必向债权人会议提交方案，对在何种情形下可采用实物分配或以物抵债，分配或抵债价格的参考依据、实物分配或抵债后交付条件和税负承担等因素作出阐述，经债权人会议授权后方可实施。

另外，值得关注的是，在实物分配或以抵债权过程中，产生的费用和税费如何约定，需要管理人根据不同变价物进行研讨，并不是千篇一律的，必要时进行税筹分析，将会影响提交债权的受偿率，管理人还需要依法扣减相应的税费后，对实物分配或以物抵债的具体债权额进行明确，并告知全体债权人。

三、破产费用的列明和共益债务的清偿比例

为保障管理人勤勉尽责执行职务，管理人需完善披露已发生的全部破产费用外，包括即将交纳的案件受理费和管理人报酬计算方法。除了截至方案提交之日前已发生的费用，就对债务人财产交付或将来可能发生的相关费用，管理人应当依法预留，报告债权人会议审核。本案件中，就涉及案件因需按房屋购买合同约定的交付条件进行后续工程和修缮的破产费用，我们团队在方案中依法陈述并预留。团队在早期经办其他案件过程中，亦曾因为经验不足，未对破产费用合理预留，导致依法追收的应收账款无法缴纳诉讼受理费，而需要重新出具补充救济的方案，大大降低了破产效率。

另外，关于破产费用和共益债务的清偿比例，即使现有债务人财产可以全部清偿，管理人亦应当披露并明确告知全体债权人，应当依法在进度清偿时保证两者的清偿比例。涉及预留的共益债务，管理人理应向债权人会议说明。

四、同一组别债权人的分配比例

根据《企业破产法》第一百一十三条规定，管理人拟定的财产分配方案，理应遵循公平原则，依法让同一组别债权公平受偿，破产财产不足以清偿同一顺序的清偿要求的，按照比例清偿。我们团队在实务操作中，均会在财产分配方案的附件，详细列明该组别可供分配财产金额，以及参加分配的债权明细和债权总额，并向债权人会议提交具体的计算方式，以减少债权人的疑虑，获得债权人对分配方案内容的理解和支持。

实务中，为了保障债权及时受偿和提升案件效率，个别案件中亦出现同一组别债权不同受偿率的情形。该种情形一般出现在重整程序的重整计划草案中，但个别破产清算案件中亦出现。在该类个案情形中，管理人不仅需对不同受偿率作出充分合理的说明，还应当尽量提前争取被不公平对待债权人的同意。

五、实务中财产预分配方案中的分配比例

实务案件中，由于债务人财产变价难等原因，例如在建工程，管理人考虑到债权清晰前提下，为提升案件效率，可向债权人会议提交财产预分配方案。预分配方案应当充分考量现有债务人财产的分配比例，以及补充分配的分配比例，目前我们团队在经办广州地区案件中有遇到该类情形。预分配方案中，除了分配方案应有的内容和分配比例外，管理人在方案中还应当详细说明可能补充分配的财产或财产线索，实现财产分配的可行性方案等，以获得在预分配方案中暂未能分配债权人的理解和支持。

六、债权具体分配措施中能否指定支付

本案件中，个别债权人在债权受偿时，申请将其受偿款支付给其指定第三人的银行账户，该第三人的银行账户与其债权申报时提供的债权受偿账户并不一致，那么，该种情形下，管理人能否认同其指定支付，将受偿款划转至其指定第三人的银行账户？我们团队认为该方式不可取。管理人在财产分配方案中，已详细列明了分配的具体方式，包括债权人名称、债权金额、受偿金额和支付方式，管理人应当依法执行表决通过的财产分配方案，而不应当越权私自变更。即使债权人向管理人提出了书面申请，但考虑到债权人可能是负债或失信，其指令支付行为可能存在逃避其他债务情形，管理人同意指令支付无形中帮助了债权人逃避其他债务行为的发生，损害了法律的公平诚信原则。因此，管理人在具体分配措施中，应严格执行债权人和受偿账户权属人一致的处置方式。

七、职工债权分配时，管理人是否应当代为履行代扣代缴的纳税义务

通常来说，职工债权中一般为拖欠工资和经济补偿金。根据《个人所得税法》第二条规定，应当缴纳个人所得税的范围为：工资、薪金所得、劳务报酬所得、稿酬所得、特许权使用费所得、经营所得、利息、股息、红利所得、财产租赁所得、财产转让所得、偶然所得。因此，破产程序中职工债权人实际需要缴纳个人所得税的范围就是工资部分。而《个人所得税法》第九条规定，个人所得税

以所得人为纳税人，以支付所得的单位或者个人为扣缴义务人。作为破产程序中债务人的管理人，债务人应当为扣缴义务人，管理人应当依法代为行使代扣代缴的纳税义务。

当然，为保障职工的合法权益，管理人应勤勉尽责，充分与税务主管部门沟通，就缴税的内容、抵扣，分期清偿作出合理的安排。

八、分配提存应注意事项

《企业破产法》第一百一十七条、第一百一十八条和第一百一十九条分别规定了三种提存的情形：附条件债权的提存、未受领债权的提存和诉讼或仲裁未决债权的提存。就此三种分配提存情形，管理人应当在财产分配方案中详细列明其分配内容和执行途径，保障债权人的合法权益。

实务中，个别债权人因涉及第三方债务被其他法院通过诉讼保全方式或协助执行方式，要求管理人暂停分配的，或要求管理人直接将其受偿额分配给相关法院的，在权利未明确的情形下，管理人亦可以对该笔债权进行提存。

另外，一般情形下，管理人可选择公证提存。但为了节省费用，管理人在考虑其他提存方式时，应充分报告债权人会议，并将提存结果及时通知债权人和报告债权人会议和法院。

九、劣后债权

《企业破产法》及相关司法解释并未对劣后债权作出规定，其始见于2018年3月4日最高人民法院发布《全国法院破产审判工作会议纪要》，该会议纪要首次明确规定了清偿顺序在普通债权之后的劣后债权及其清偿制度。《全国法院破产审判工作会议纪要》第28条规定："……破产财产依照企业破产法第一百一十三条规定的顺序清偿后仍有剩余的，可依次用于清偿破产受理前产生的民事惩罚性赔偿金、行政罚款、刑事罚金等惩罚性债权。"除了该条罗列的债权类型，部分地区的个案中亦将债务人股东名为借款实为投资的债权确认为劣后债权，这是基于深石原则（亦称衡平居次原则）。

管理人依债权审核标准，提交债权表给债权人会议审核时，应予以充分说明理由和适用依据。财产分配方案中，管理人更应当注意其排列顺位，并详细标注该类劣后债权的清偿条件。当然，劣后债权是否依法赋予债权人表决权，实务中亦存在较大争议，期待立法部门颁布明确的规定，以便保障企业破产法的公平性和一致性。

十、特定财产分配应注意的事项

1. 特定财产的具体分配方案

《企业破产法》第一百零九条规定，财产分配方案需单列有财产担保债权的分配事项。分配方案中可根据对应特定财产不同的债权，说明其债权情况、可分配的特定财产总额，以及特定财产不足分配所有担保债权的，列明未受偿的担保债权数额。值得注意的是，同一特定财产中有多笔担保债权的，分配方案中还需明确其分配的比例或顺位。我们团队在经办个别地区案件时，根据当时的破产案件操作指引，还需明确具体的清偿方式和时间，特别是对有财产担保债权对其无争议的部分债权及时行权的情形，以及管理人如何收取报酬的说明，以保障管理人执行职务的公正性。

2. 个别情形下对特定财产是否适用顺位让渡的考虑因素

我们团队近五年经办的破产案件中，房地产开发企业破产案件占大多数。而个别案件中，债务人唯一或全部财产均设置担保债权，并且担保标的物变价款不足分配担保债权，这种情形下，不仅是其他普通债权，有时候税款债权、职工债权和破产费用也无财产可清偿。究其原因，是房地产行业信贷过度、杠杆高导致，政策调整房价下行也是原因之一。其中，管理人最头疼的是购房人债权，众多购房人用一生积蓄购买了房屋却无法交付。最终的处理方法是，在取得优先债权同意的情况下，顺位让渡，由优先债权让渡一部分权益，尽量满足后位债权的分配，以期案件能顺利尽早结案。

本案件中，有继续购房意愿的购房人，通过继续履行购房合同的方式仍可在交楼前提下交付购房人房屋，但已经司法判决解除合同和没有意愿或没有能力继续购房的债权如何处理，如何保障购房人债权处置的一致性，成了当时的一道难题。

我们团队经反复讨论、查找法律依据，发现现行法律上并没有购房人债权优先的规定。后来，在广东省关于破产案件审判规范指引中，找到了保障购房人的生存权和物权期待权的规定，购房人债权可保证其同一类型债权处理的一致性，即要房的交房，退房款的退购房本金。但这也是顺位让渡，需要工程价款优先债权人和担保债权人的同意。最终，管理人将初步方案汇报至法院，在府院联动机制的大力协调下，提交债权人会议并表决通过。

文书样式 41

关于提请债权人会议审议破产财产分配方案的报告

（××××）××破管字第×号

×××（破产人名称）债权人会议：

根据××××年××月××日第×次债权人会议表决通过的《×××（破产人名称）破产财产变价方案》，在法院的监督、指导下，本管理人已完成对破产财产的变价工作。现根据《中华人民共和国企业破产法》第一百一十五条之规定，拟订《×××（破产人名称）破产财产分配方案》，提交债权人会议审议表决。

特此报告。

（管理人印鉴）

××××年××月××日

附：《×××（破产人名称）破产财产分配方案》

说明：

本文书依据的法律是《中华人民共和国企业破产法》第一百一十五条之规定，由管理人提交债权人会议审议。

文书样式 42

《×××（破产人名称）破产财产分配方案》

（××××）××破管字第×号

一、参加破产财产分配的债权情况

简述参加破产财产分配的债权人人数、各类债权总额等基本情况。另行制作

《参与分配债权人表》，详细列明参与分配的债权人名称或者姓名、住所、债权性质与债权额等情况。

二、可供分配的破产财产总额

分别列明货币财产和非货币财产的变价额。直接分配非货币财产的，列明非货币财产的估价额。

三、破产财产分配的顺序、比例和数额

（一）破产费用和共益债务的清偿情况

列明各项破产费用和共益债务的数额，包括已发生的费用和未发生但需预留的费用。人民法院最终确定的管理人报酬及收取情况须特别列明。

（二）破产债权的分配

列明剩余的可供分配破产债权的破产财产数额，依《中华人民共和国企业破产法》第一百一十三条规定的顺序清偿。分别列明每一顺序债权的应清偿额、分配额、清偿比例等。

四、破产财产分配实施办法

（一）分配方式

一般以货币方式进行分配，由管理人根据各债权人提供的银行账号，实施转账支付，或者由债权人领取。

（二）分配步骤

列明分配次数和时间，拟实施数次分配的，应当说明实施数次分配的理由。

（三）分配提存

列明破产财产分配额提存的情况，以及提存分配额的处置方案。

五、特定财产清偿方案

（一）对特定财产享有担保权的债权情况

（二）可供清偿的特定财产总额

列明特定财产的变价总额。

（三）特定财产清偿方案

特定财产的清偿方案。特定财产不足分配所有担保债权的，还应列明未受偿的担保债权数额。

附：《破产债权清偿分配明细表》

说明：

一、本文书依据的法律是《中华人民共和国企业破产法》第一百一十五条之规定，由管理人拟订后提交债权人会议审议。

二、本文书应当列明不同破产财产的变价情况，以及不同清偿顺位债权人的分配额。破产财产的分配原则上应当以货币分配方式进行，但对于无法变价或者不宜变价的非货币财产，经债权人会议决议同意，可以进行实物分配。

三、未发生但需预留的破产费用包括分配公告费用、破产程序终结后的档案保管费用等。

四、根据《最高人民法院关于审理企业破产案件确定管理人报酬的规定》第十条之规定，最终确定的管理人报酬及收取情况，应当列入破产财产分配方案。

五、依照《中华人民共和国企业破产法》第十章之规定，设定担保权的破产人特定财产不纳入破产财产范围，但为全面反映破产人财产的分配情况，可以在《破产财产分配方案》中附带列明特定财产的清偿处置情况。

第四章　清算程序重要工作

第一篇　转和解或重整程序可行性分析报告

本章叙述的重要工作，是伴随着前面章节中的基础工作同时进行的管理人工作。虽然法律并未明确规定其时效性，但无论是清算程序、重整程序还是和解程序，在债权人利益最大化原则下，均为着手开展的重要工作。可行性分析、意向投资人招募和结案报告是每宗个案中的必需工作，是管理人勤勉履职的考察事项，而续建和共益债是目前房企破产案件中面临的主要工作，以便确保"保交楼"政策实施，故相关内容统一放在本章节。

根据全国企业破产重整案件信息网的数据，破产案件因为申请人的原因，申请时间紧张因素，债务人企业因素，破产原因不同，或执行转破产等因素，大多数债务人企业在被裁定破产申请时都是申请破产清算受理，少数是破产和解和破产重整。但在这部分案件中，仍有不少在受理后转入和解或重整程序，究其原因，均是认为债务人企业具有可挽救价值。

《企业破产法》第七十条和第九十五条规定，在人民法院受理破产申请后、宣告债务人破产前，可以向人民法院申请和解或重整。因此，债务人被申请破产清算后，依法也可以转入和解或重整程序，这是有法律依据的。应当注意的是，该程序的申请应当在宣告债务人破产前，因为之前的法律法规，包括《民法典》第七十三条规定，法人被宣告破产后，应当注销并且法人消灭。但实务中，也存在极个别案件在宣告破产后转入破产重整程序，对于这类前沿学术问题，建议管理人慎用。

转和解或重整程序，均是由受理人民法院裁定确认的。实务中，大多数会采用听证程序，法院听取债务人、债权人、管理人和相关利害关系人的意见，从而判断债务人企业是否具备可挽救价值后方可裁定。那么，管理人如何向法院陈述其对此转程序的意见，一般均是根据管理人履职工作和对案件的研判，出具转和解或重整程序的可行性分析报告，说明债务人企业具备可挽救价值的要点。

一、可行性分析报告内容

1. 债务人企业现状

主要围绕案件进度、破产原因分析、资产负债情况进行说明，从而为债务人企业转程序的可行性提供基础数据和材料。

2. 债务人企业所在行业营商环境分析和市场预期分析

通过相同地区相同行业的经营数据类比，研判相关营商政策，就债务人企业后续运营能力和预期进行分析。

3. 转重整或和解程序的内部有利条件

内部有利条件一般为：商誉较高或知名品牌企业；财务资料完整，不存在虚假报表；企业人员架构完整，且核心团队成员未流失；上下游供应和销售渠道较完善，具有市场价值；恢复经营所需成本较少且能快速恢复；具有重要的行业资质或专利；等等。

4. 转重整或和解程序的外部有利条件

外部条件包括但不限于：意向投资人表达投资意愿；意向投资人愿意缴纳保证金或诚意金；意向投资人已委托专业机构并开展尽职调查；意向投资人已与重要债权人接洽沟通，并取得多数债权人关于转重整的一致意见等。

5. 意向投资人的资信情况和重整初步计划

充足的重整投资款有利于保障重整计划的执行，而产业投资人的过往业绩和计划，可以让全体债权人了解投资方案和债务人企业后续经营预期。

6. 破产清算状态下债权受偿的损失预计

按照目前债务人企业现状，根据企业破产法的相关规定，计算各组别债权的受偿率，以及受偿损失，从而与重整或和解方案清偿内容进行差异比较。

7. 结言

当然，不同行业的债务人，不同个案特点，内容有所不同。但其核心要点，是根据债务人现状材料和数据，充分分析转重整或和解程序的可行性，并围绕债权最大化的可能和保障执行进行陈述，并在结言中发表管理人的明确观点。本项目作为房地产开发企业破产案件，具有大多数房地产开发企业破产项目的共性，债务人的核心资产一般为待开发土地、在建工程或未确权的上盖建筑物，分析报告应当充分围绕项目继续开发可实现的增值价值，重整的可行性方案能实现债务人财产增值或保值。特别是一些商业地产项目，管理人还需与商业市场管理专业人员保持沟通，对于债务人后续如何运营展开深入的调查，并形成可行的运营方案，体现后续的运营价值，从而提高债权受偿率。在本案中，我们团队为了节省时间和提高效率，管理人在向第一次债权人会议提交的文件中，就包括了该可行性分析报告。以下是本案的分析报告，供大家参考：

向债权人会议提交关于案件转入重整程序的可行性报告

（2020）甲破管字第×号

肇庆市甲投资公司债权人会议：

2020年2月19日贵院依法裁定受理申请人肇庆市乙房地产公司、肇庆市丙混凝土公司对肇庆市甲投资公司（简称：甲投资公司）的破产清算申请。2020年8月3日，鼎湖区人民法院依法指定广东金桥百信律师事务所担任肇庆市甲投资公司管理人（简称：管理人），全面负责该公司的破产清算工作。

案件受理后，管理人依法全面接管。根据接管到的账务材料、管理人调查的资产状况，以及债权申报材料，根据管理人的办案经验和理论分析甄别，管理人认为，本案破产原因在于债务人经营资金链断裂，债务人仍具有可挽救价值，理由如下：

1. 债务人现有可处置资产。根据管理人调查的债务人现有资产状况，债务人现有200多套房屋未销售，大多数车位摩托车位未销售，还有一间会所中心、一块待开发的土地，以上资产均被多轮查封。

2. 债务人企业负债情况。根据债权申报情况以及管理人初步了解情况，上述资产仅具有优先债权的抵押债权2笔，法定优先权的工程款债权1笔，其他大多数为未设置抵押的对外担保债权以及民间借贷债权。本案债权债务比较清晰，案件转入重整有利于提高普通债权受偿率。

3. 在债务人企业已建好的 6 栋楼宇，其中有 4 栋已经可以交付购房债权人，剩余 2 栋有少量后续工程尚未完工，恢复续建后亦可交付购房债权人。给现有楼宇确权办证是本案的焦点问题，也是为了让债务人企业财产资产最大化，有利于债权受偿。

4. 债务人企业有一块未开发土地，该土地原位于项目所在宗地范围内，在相邻地块被转让和被司法拍卖后，涉及该土地宗地规划条件问题。并且，现有已建成地下车库占用相邻地块的地下空间，存在权利瑕疵。若是该土地依法清算拍卖，这剩余价值会大大贬损，不利于债权受偿。

5. 根据管理人了解，债务人企业的原有员工仍有 12 名愿意继续留任，企业经营的主要框架人员体制仍在。若案件进入重整程序，重整投资人能更快地接收债务人企业，快速地开发建设该土地，减少开发建设成本。并且，重整投资人开发建设该土地后，整个项目小区建设更加完善，配套设备设施也更加齐全，有利于改善小区的居住环境。

综上所述，债务人企业具备可挽救价值。根据全国法院破产审判工作会议纪要，对陷入债务危机但具有挽救价值和挽救可能的困境企业，应通过市场化、法治化的途径挽救，尽可能多兼并重组，少破产清算。因此，管理人拟将本重整可行性分析报告提交债权人会议，供债权会议表决：在本案具备合适重整投资人，管理人与投资人签订框架协议，且投资人愿意缴交重整投资诚意金的条件下，同意本案转入重整程序。

特此报告

肇庆市甲投资公司管理人
二〇二〇年十月十三日

二、转重整或和解程序中的管理人工作

转重整或和解程序工作中，草拟可行性分析报告同时，建议管理人开展以下工作：

1. 与债务人原股东或实际控制人洽谈，了解债务人企业设立、发展和转折的过程，了解债务人经营行业的特点和债务人企业行业中的优势，聆听债务人对

破产原因的想法，以及债务人出资人对重整的态度和继续经营的设想，发掘潜在意向投资方；

2. 与债务人财务人员和主要管理人员沟通，了解其对债务人企业的看法，以及是否具有继续留守的意愿；

3. 梳理债务人财产状况，了解核心财产的性质、估值，并可通过交易平台同向对比市场同类财产价值，对核心财产存在瑕疵情形的，寻找瑕疵解决路径并了解相应费用；

4. 根据审计情况和接管文书材料，研判和深挖债务人应收账款和长期投资的变价可能性，为后期该类财产变价做准备，同时作为判断债务人是否具有重整价值的基础材料；

5. 梳理各组别债权中的重大债权，分析债权基础关系构成，债权成立历程，债权人背景，并与重大债权人洽谈沟通，了解其对债权受偿的想法和对转重整或和解程序的意愿；

6. 与意向投资人洽谈，了解其投资意愿。投资金额和投资期限；

7. 通过府院联动机制，向相关职能部门了解重整障碍解决路径，例如，特殊经营资质的延续和恢复、特殊税务处理的条件要求、建筑规划和消防规范的调整和适用等；

8. 向受理人民法院汇报以上工作，根据法院指导意见补充其程序所需内容。

对于以上工作内容，管理人应勤勉尽责履职，并尽可能运用管理人团队的资源，向各交易平台、行业协会推荐项目，定向寻找优质意向投资人。

三、转重整或和解程序的难点分析和解决路径

1. 转重整或和解程序的申请主体

《企业破产法》第七十条第二款规定："债权人申请对债务人进行破产清算的，在人民法院受理破产申请后、宣告债务人破产前，债务人或者出资额占债务人注册资本十分之一以上的出资人，可以向人民法院申请重整。"第九十五条第一款规定：债务人可以依照本法规定，直接向人民法院申请和解；也可以在人民法院受理破产申请后、宣告债务人破产前，向人民法院申请和解。从上述两条法条可以看出，申请转重整程序的主体仅是债务人或者出资额占债务人注册资本十

分之一以上的出资人，而申请转和解程序的主体仅为债务人。实务中，若债务人
或出资额占债务人注册资本十分之一以上的出资人均不同意转重整程序，便无法
申请转重整程序，这对具备可挽救价值的债务人企业是一种限制。

我们团队在经办其他案件中，对于该条规定的理解以及是否适用扩大解释，
与众多同行和法院均进行过沟通。有观点认为，管理人基于其特殊地位，对债务
人企业进行管理，全面了解债务人现状，可代债务人提出转重整程序申请，契合
《全国法院民商事审判工作会议纪要》中优化营商环境、拯救濒危企业的会议精
神；有观点认为，二分之一以上债权额的债权人亦有权提出申请，因为其的主张
不违背债权利益最大化原则，且即使重整失败亦不影响其债权在清算程序中受
偿。

我们团队曾多次在公开网络上查找相关判例，其中有管理人提出申请的，有
债权人提出的，还有受理人民法院主动提出的。关于申请主体是否可以扩大解
释，现法律条文和相关司法解释并无明确规定，建议管理人在实际适用时，充分
与各方主体和受理法院保持沟通，以债权利益最大化和兼顾效率原则为主要履职
思路。后来团队担任投资人参与其他案件时，亦碰到该类情形，债务人原股东无
法联系或不同意重整，而债务人的公章已由管理人接管，在后续申请转重整程序
中，管理人代管债务人公章，是否能替代债务人提起转重整申请，各债权人和受
理法院均持不同意见。团队经过分析，深入研究债务人后续营业的预期收益，并
代投资人提出具体可行的重整投资方案，最终受理法院通过召开听证程序直接受
理了债务人重整，取得良好实务效果。

2. 有财产担保债权人要求行使优先受偿权，认为其担保标的并非重整所必需

最高人民法院 2018 年发布的《全国法院破产审判工作会议纪要》第 25 条规
定："在破产清算和破产和解程序中，对债务人特定财产享有担保权的债权人可
以随时向管理人主张就该特定财产变价处置行使优先受偿权，管理人应及时变价
处置，不得以须经债权人会议决议等为由拒绝。但因单独处置担保财产会降低其
他破产财产的价值而应整体处置的除外。"根据该规定，担保债权人可以要求管
理人及时对担保物变价，并对变价款享有优先受偿权。因此，若转程序后，管理
人认为担保物是重整必需，需要后续集中处置分配的，会影响担保债权的权益，
担保债权人一般不会同意转程序。实务中，特别是房地产开发企业破产案件中，

常遇担保物为在建建筑的情形，而担保债权人要求及时行使优先受偿权，将导致案件因不具备条件或可挽救价值而无法启动转程序。那么该类情形下，管理人需区分个案特点进行分析。我们团队认为，若在建工程满足竣工备案条件的，则应当配合担保债权人及时行权，因为担保物标的已具备流通性，可进行变价；若在建工程不满足竣工备案条件的，则应当充分与担保债权人沟通，告知其存在购房者权益保护和工程价款优先权情形，且实务中对于未竣工建筑难以处置，可能产生担保债权无法全额清偿的后果，最终取得担保债权人的认可后，再提起转程序的申请。

3. 案件中工程价款优先权有瑕疵，存在以物抵债购房人问题

房地产开发企业破产案件中，涉及的债权种类较多，多数案件存在总施工方工程价款优先权瑕疵情形。该情形一般出现在债务人因资金链断裂拖欠工程进度款，而总施工方已基本完工且双方已结算，总施工方却未主张优先权；且《民法典》实施前，主张工程价款优先权的期限仅为六个月，而非现行的十八个月，因此，该情形多有发生。或者虽然债务人与总施工方达成民事调解书、调解书上有明确优先权，或者虽有民事调解书但未明确优先权，案件的其他债权人，特别是担保债权人常对民事调解书内容提出疑问，认为债务人与总施工方串通恶意调解，损害其他债权人利益，而需要管理人明确处置方案后方同意转程序。管理人碰到该类情形的，应及时与受理法院沟通，将债权审核标准报告法院，在明确债权基础关系后，本着债权利益最大化原则，遵循《最高人民法院关于适用〈中华人民共和国企业破产法〉若干问题的规定（三）》第七条规定，尽可能协调各方的权益。

另外，还有一类情形也经常出现，就是以物抵债购房人。实务中，工程款实际施工人或民间借贷出借方，因债务人到期无力清偿债务，债务人往往以房抵债，签订购房合同或办理网签，但实际是以欠款抵房款。这种情形下，管理人应当按照其基础民事关系予以区分：若是工抵房，也即工程款抵房款，因为工程价款法律规定顺位在先，若与总施工方拖欠工程价款不存在重复计算，我们团队一般予以确认其购房人债权性质；若是借款抵房款，考虑到原借款关系并没有担保，原借款债权应当是普通债权，我们团队一般不予确认其购房人债权性质，而是将其申报债权认定为普通债权。同样，对于该种情形处理方案的区别，也影响其他债权人利益，特别是工程价款优先权人和担保债权人，不利于转入重整程序。

房地产开发企业破产案件中，管理人面临的难点较多，此处只是列举了最常见的三种情形。出现其他情形时，管理人还是需要围绕原始法律关系和相关资料文件，在法院的指导下，依据法律规定和通过团队的经验进行预判，从预判结果倒推，找到较为合适的解决方案，并充分与各债权人进行沟通，解答债权人的疑虑。

第二篇　意向投资人招募和洽谈准备

实务中，根据债务人的财产、负债情况梳理，以及管理人团队经验分析判断，管理人可以对债务人企业是否具有重整价值进行分析判断。但最终检验债务人重整价值的方式，还是通过公开市场。因此，重整投资人在破产重整程序中，是一个不可或缺并至关重要的角色，直接影响或决定债务人能否重整成功。

笔者通过大数据搜索了一下，试图查找重整投资人的法律定义。但是知网3000多条搜索结果中大多数都是从专家学者研讨法律条文和管理人执业实务的角度出发的，极少从投资人角度进行解读。抛开投资人的行业分类、企业性质、经营性重整投资人（产业投资人）、投资性重整投资人（战略投资人），个人认为，投资人如何对破产重整程序的债务人进行投资、怎么保障及程序如何规定，才是投资者最关心的问题所在。商人都是逐利的，投资的目的就是盈利。内在价值是一个非常重要的概念，它为评估投资和企业的相对吸引力提供了核心的逻辑依据。因此，管理人如何吸引和招募投资人，如何披露信息让投资人发现企业内在价值，如何依法沟通让投资人明确实现投资价值的路径，这需要管理人在招募工作和洽谈准备工作中深耕，也是重整程序中较重要的履职内容。

一、意向投资人招募的主要工作

1. **招募公告起草前的准备，调研债务人资产、财务状况，了解企业困境和重整难点**

招募公告一般由管理人或债务人起草，管理人通过财产尽调工作，应当清楚知道债务人的现状，以及破产原因。那么，投资人在考察该重整项目和审阅公告时，必然会充分研判管理人或债务人起草的公告的字面意思，以及隐含信息。

公告发布前，管理人一般都已完成接管工作、债权申报及审核工作，从招募公告上应当可以基本判断债务人资产和负债情况。另外，公告上也会列明其破产原因，从而方便向投资人了解债务人企业困境。

2. 起草招募公告

为方便投资人充分理解招募主要信息，管理人应当言简意赅地进行披露，格式化的公告正文架构更容易被理解。意向投资人招募公告一般具有以下内容：

（1）引言。引言部分，主要反映案件受理的基本情况。便于投资人知悉案件目前所在阶段，案件受理日期和管理人名称，方便投资人判断现阶段参加招募是否契合其预期计划或财务安排。

（2）债务人基本情况。债务人基本情况应尽可能详尽，包括但不限于债务人主要财产和主要负债，审计报告等。当然，不同时间段的招募工作，管理人掌握的基本情况不尽相同，但仍需尽可能披露，因为意向投资人可能基于某一财产信息或负债信息从而选择参加招募，并且，详尽的信息更有利于意向投资人对债务人现状作出充分的判断。

（3）债务人重整价值。一般情况下，管理人均会选择对债务人财产在清算状态下的价值与市场公开价值或预期运营价值作比对，从而判断其重整价值，但实务中，管理人要钻研债务人财产的实质价值，债务人行业趋势，公开市场对财产的反馈等内容，包括法律上价值比对、财会规则下的价值比对、市场分析比对，甚至于国际形势对行业影响的前后比对等。

（4）意向投资方重整或投资方案。招募公告中均会要求意向投资人提交重整或投资方案，方案主要包括投资主体、过往业绩、投资总额、运营方案等。个别案件中还会要求履约保证金的支付承诺。

（5）招募目的。招募目的契合债权人利益最大化原则，但不同的破产程序、不同的债务人财产标的，管理人应当细化招募目的。例如，企业存续性重整可能仅招募同行业的产业投资人，出售式重整招募的是对出售标的感兴趣的投资人，保交楼的案件可能仅招募具有续建能力的投资方等。

（6）招募方案。招募方案主要是指报名方式和日期，报名所需文件，重要事项说明等内容。

每一项内容，均需投资人认真、仔细查看，明确管理人草拟的公告内容和要求。

下面和大家分享一下本案件的招募公告内容。

肇庆市甲投资公司意向投资人
招募公告

2020 年 2 月 19 日，肇庆市鼎湖区人民法院（以下简称鼎湖法院）作出（2020）粤 1203 破申 1-1 号生效民事裁定，裁定受理申请人肇庆市乙房地产公司、肇庆市丙混凝土公司对肇庆市甲投资公司（以下简称甲投资公司）的破产清算申请。2020 年 8 月 3 日，鼎湖区人民法院作出（2020）粤 1203 破 1 号《决定书》，依法指定广东金桥百信律师事务所担任肇庆市甲投资公司管理人（简称管理人），负责人刘某根，全面负责该公司破产清算事务。

本次招募投资人的目的在于借助投资人在管理、资金等方面的优势，整合甲投资公司现有资产和资源，优化资产结构，发挥投资人在专业资质、区位布局、渠道网络、人才队伍等方面的优势，采用重整方式或资产收购方式盘活甲投资公司现有资产，对未开发土地继续开发经营销售，实现甲投资公司现有资产价值最大化，从而提高各债权人债权受偿率。

一、债务人基本情况

（一）债务人基本信息

2012 年 8 月 2 日，甲投资公司成立，注册号为×××××××。目前，甲投资公司的注册地址为广东省肇庆市××区；法定代表人为尹某元；企业类型为其他有限责任公司；注册资本为 1000 万元；经营范围为项目投资、投资管理及咨询服务（国家法律、行政法规禁止的除外，需要另报审批的，取得批准后方可经营）；房地产开发与经营、自我物业管理、租赁；市政工程投资、承包与施工。营业期限为 2012 年 8 月 2 日至长期。股东为四会市某公司（持股 42%）、海口市某公司（持股 22%）、佛山市某公司（持股 20%）、深圳市某公司（持股 16%）。

（二）项目概况

1. 甲投资公司开发项目"某山水星御"，现某山水星御一期 2#—9#、14-1#

共 894 套, 总面积为 85256.93 平方米, 其中住宅 829 套, 非住宅 65 套。5#—9#、14-1#已竣工验收, 2#—4#未竣工验收, 4#未取得商品房预售许可证。现甲投资公司未售住宅 239 套, 面积约 17664.49 平方米; 未售商铺 29 套, 面积约 2931 平方米。

2. 未开发土地使用权, 共 2 宗, 具体如下表:

序号	坐落	产权证号	用途	面积（平方米）	抵押情况
1	肇庆市鼎湖区新城十二区（西二区）	粤（2017）肇庆鼎湖不动产权第0003683号	城镇住宅用地; 零售商业用地	3724.87	无
2	鼎湖区新城西二区	肇鼎国用（2015）第0080206号	城镇住宅用地	17964.15	抵押权人: 中国建设银行股份有限公司肇庆市分行

3. 车位

根据管理人自甲投资公司处接管的资料, 甲投资公司建设汽车位 848 个、摩托车位 238 个, 均未办理竣工验收。现未售汽车位 721 个, 摩托车位 230 个。

目前管理人已聘请资产评估机构对债务人资产进行评估, 资产价值以评估报告为准 (以上资产信息仅供参考, 具体情况以意向投资者尽职调查和实际现状为准)。

二、意向投资人须知

(一) 投资人主体资格

1. 依法成立并有效存续的具有较高的社会责任感及商业信誉的企业法人或自然人; 拥有足够的资金实力与经营管理能力, 能在约定的时间内支付相应对价, 有足够的资金支持后续经营。

2. 具有经营同类业务的经验及背景者, 在同等条件下优先考虑。

3. 未负有到期未清偿且较大数额的债务, 未被纳入失信被执行人名单且投资人的法定代表人未被纳入失信被执行人名单。最近三年无重大违法行为或涉嫌重大违法行为。

4. 在规定的时间内向管理人报名，并提交具体可执行的投资方案。

（二）报名流程

1. 提交报名材料

有意向的投资人应向管理人提交投资意向书和证明符合投资人条件的资料（包括但不限于营业执照、法定代表人身份证明书、授权委托书等）。投资意向书应当包括投资者企业基本情况介绍、资金实力证明、拟投入的资金、资金支付方式和期限、初步方案、投资后经营方案以及同意对知悉的债务人情况予以保密并愿意签署保密协议的声明等。

2. 确定投资人

报名结束后 15 个工作日内，管理人将本着债权人利益最大化原则，以提供投资资金的数额、资金支付方式及期限、经营方案为主要参考依据进行遴选投资人。

（三）报名方式

1. 报名起止时间：本招募公告发出之日起至 2021 年 5 月 30 日止。

2. 材料递送方式：材料密封后当面递交管理人。请意向人于报名截止时间前递交报名材料（联系人：×××；联系电话：×××××××；联系地址：广东省广州市某区）；

管理人账户户名：×××××××

开户行：×××××××

账户账号：×××××××

三、特别说明

（一）本次招募工作由管理人负责组织，肇庆市鼎湖区人民法院监督。

（二）本公告不构成要约，管理人有权对本公告的内容进行调整变更。

（三）关于甲投资公司的详细信息，请报名人交纳预报名保证金并签订保密协议后，通过进一步咨询管理人，或以自行开展尽职调查的方式获取。

（四）本公告的最终解释权归属管理人。

肇庆市甲投资公司管理人

二〇二一年四月十二日

二、公告的信息披露、条件限制和投资引导

现行法律并没有对招募公告的时间作出限制性规定，但通常在重整期间内发布，有的在一债会前，有的在一债会后。因此，不同阶段的信息披露内容，不同招募工作的限制条件均会有所不同。

（一）关于公告的信息披露，一般表述在债务人基本情况这一段落。而如果公告内容的债务人基本情况，引用了第三方机构出具的评估报告和审计报告，那么投资人需要更加审慎地查阅；管理人也要清楚投资人的想法，尽可能披露内容，因为最终的受偿率，将参考上述内容和数据产生，投资人也可据此初步判断需要投资的额度。

1. 评估报告中的资产价值。虽然与投资人的商业评估价值会有差异，但毕竟是债务人资产的参考评估依据，投资人可以据此了解，债务人还剩多少钱，或者说还值多少钱。

2. 审计报告的负债情况。作为第三方法定机构，审计部门对债务人的财务账簿的审计还是相对客观、真实的。投资人可以参考该披露内容，初步判断债务人应当偿还的债务总额。

3. 债权分类情况。根据《企业破产法》的规定，重整计划草案对于担保债权、职工工资和社会保险费用、税款债权，一般都是全额受偿的。作为投资者，可以计算这几类应付的债权总额，也即俗称的最低消费额。普通债权根据重整资金的大小，计算普通债权的受偿率；反之，投资人也可以倒推比较可行的、能通过的受偿率，还可以计算清偿普通债权需要的资金量。

（二）条件限制

有的重整案件基于重整的需求，会在招募公告中设定一些条件，一般都罗列在报名条件或招募要求中。详细的公告，在投资人报名条件中，也可能会有限制条件，包括投资人的类别、优先条件、资金授信能力等，投资人应当深挖这些内容背后的信息，思考重整难点的同时，考虑自身对难点的解决能力和方式，以及是否契合其投资意愿。主要的限制方式有：

1. 经营范围和经营年限限制：例如要求有从事农副食品生产、销售的经营

范围，并有该行业五年以上经营经验。

2. 资质限制：例如要求有房地产开发资质三级以上。

3. 资金限制：例如要求自有资金达到 1 亿元，并要求出具相关资信证明。

4. 履约能力限制：例如要求投资人没有被执行案件，或者没有被列入失信名单等。

5. 单独投资或联合投资的限制：例如不接纳联合投标人。

6. 其他限制：愿意在管理人设计的重整法律框架内进行重整投资承诺，设定尽调保证金、履约保证金等。

当然，招募公告会根据重整目的和债务人现状，设定更多的限制。作为投资人，必须认真查阅，并比对自身是否符合条件。

（三）招募公告的投资引导

其实，条件限制也可以解读为投资引导。更多的条件，是管理人希望投资人达成符合其期望的要素。另外，招募公告中会出现一些特别的表述，例如，投资人应当对项目具有同行业经营的优质案例，或者投资人应当对更改土地规划具有成功的经验。这些披露的信息，表明了管理人在研判债务人情况后，根据各方意见，引导投资人在上述方面着手，以便产生更大的重整空间，更有利于案件重整成功。

三、与意向投资人的洽谈准备工作

几乎所有从事破产业务的管理人都认为，与意向投资人的洽谈工作是最折磨人的工作，没有之一。因为重整本来就具备各种不确定因素，每个案件都要面谈多位甚至数十位意向投资人，每个投资人均需要面谈多次，最终可能只有一个意向投资人被确定，或者一个也未能确定，最终还是走向破产清算。但是效率低不代表是无用功，意向投资人肯定是有投资意愿才过来面谈的，管理人可通过面谈了解意向投资人的核心诉求，了解市场对债务人企业或债务人财产的需求及报价，从而判断债务人企业的重整价值是否契合市场需求，并调整相关重整方向。更为关键的是，通过洽谈的内容，管理人可以充分掌握意向投资人的诉求和相关信息，夯实准备工作，为重整投资人的招募成功做好铺垫工作。

根据我们团队的办案经验，洽谈准备工作主要有以下内容：

1. 项目全面信息和数据介绍

意向投资人的招募公告因篇幅原因，往往不能全面反映项目的全面信息和数据，意向投资人仍有许多不理解或不清楚的细节问题。因此，优秀的管理人在洽谈中，应对全面信息和数据了然于胸。我们团队经验的是，在前期管理人工作的基础上，围绕着债务人财产和负债两条轴线，全面进行介绍。

债务人财产方面，向意向投资人陈述财产的类别，权属，担保情况，购入时间和成本，财产现状，评估价值或市场同时间段同类财产价值，运营收支现状和预期等，尽可能详尽披露，务求投资人全面了解债务人财产信息。

负债方面，除了负债总额和债权构成外，应重点介绍抵押债权或者法定担保债权。实务中，有财产担保债权人的诉求往往影响财产的实际成交价格。另外，重大债权的债权人身份背景，是国企、银行、AMC还是外资，均可能基于债权人内部合规的原因，对重整方案持有不同态度，这些情况也是投资人经常询问的。房地产开发企业破产案件中，工程价款优先权人的债权金额和续建意愿也很重要。

2. 了解意向投资人的诉求和主要法律疑虑

介绍完项目信息和数据，接下来就是倾听、倾听，还是倾听。管理人应当仔细聆听意向投资人陈述的投资意愿、目的和主要诉求等，并做好笔录，方便更准确地回答问题和引导投资。根据我们团队的过往洽谈内容，虽然个案每个意向投资人的诉求不尽相同，但常见法律问题如下：

（1）案件目前是什么程序？何时能完成投资？完成投资有无具体法定期限要求？

（2）除招募公告内容，参与投资还有哪方面要求？如何确定为实际投资人？遴选如何进行？

（3）案件要求的投资方式是股权投资还是资产投资？单项资产或经营事项能否单独投资？

（4）债务人财产是否没有权利瑕疵？现有抵押和查封怎么解决？

（5）房地产项目的续建是否存在障碍？现有项目能否更改规划？

（6）认为债务人财产评估价值过高，能否调整？

（7）债务人的应收账款能否追回，如何解决？对外长期投资如何处置，能否剥离出让？

（8）接管的债务人公司财务账册是否完善，是否审计？原有资产的购置成本和开发费用的原始费用财务凭证是否齐备？应征税费主要有哪些？

（9）对于债务人财产租赁或被占用问题如何解决？能完全交付的期限是多少？

（10）房地产项目中，购房债权如何处置，工程款抵房款或借款抵房款情形如何处理？

（11）职工债权的主要构成是什么？职工安置是否需要投资人解决？

（12）破产费用主要有哪些？管理人报酬是否能协商收取？

（13）担保标的物评估价值不足以支付全部担保债权，如何确认其普通债权？

（14）债务人企业是否存在重大隐藏债权，若有，是否会增加投资总额？

（15）普通债权能否设立小额债权组，设立的标准和依据分别是什么？

（16）债务人股东若不同意重整计划草案，出资人组表决不同意，能否强裁？

（17）意向投资人报名后被确定为重整投资人的，在重整计划草案提交债权人会议审核前，意向投资人能否指定第三人为重整投资人？

（18）投资款能否分期支付，一般执行期限是多长时间？

（19）重整执行期间，投资人用于债务人继续经营或资产保值增值的税费，能否视为共益债务，先出后进？

以上投资人提出的常见问题，一般与破产程序、债务人财产和负债有关。当然，投资人还会有许多更细节的问题，因个案投资人的关注点不一样，提出的问题也多种多样。

3. 解答法律疑虑并提出多种解决方案

聆听完意向投资人的疑虑，下一步就是解答，这充分考量管理人的执业能力。除了围绕整个企业破产法及相应司法解释外，还需要掌握其他实体法和程序法的知识点，甚至于对涉案标的商业市场的分析判断。我们团队为了提升沟通效率，要求团队成员普遍运用"三段论"方式进行说明，即具体场景、适用法律依据，处置方式。

例如，本案件中，意向投资人提的第十三个问题，可以解答为：当抵押土地不足以支付全部担保债权，根据法律规定，抵押土地应当公开拍卖，实务中以评估价值为起拍价；根据《企业破产法》第一百一十条规定，"享有本法第一百零九条规定权利的债权人行使优先受偿权利未能完全受偿的，其未受偿的债权作为普通债权；放弃优先受偿权利的，其债权作为普通债权"。那么，实际拍卖成交款后未能受偿的担保债权，作为普通债权。当然，如果该抵押土地存在上盖建筑物一并拍卖，并出现存在工程价款优先债权情形的，则拍卖成交款先用于清偿工程价款优先债权，剩余部分支付担保债权，清偿担保债权不足部分作为普通债权。另外，担保债权人也可以根据上一次流拍价格提起以物抵债的申请。

实务中，在法律没有明文规定的情形下，管理人就意向投资人疑虑可以提出多种解决方案，以满足意向投资人的投资意愿。例如，投资人仅对债务人名下不动产具有意愿，而对应收账款或长期投资不感兴趣，那么能否拆分处置、如何拆分，都需要管理人从其他程序法和实体法作出判断，并给出具体的解决路径。

四、意向投资人提出的非常见事项补充调查

除了常见的问题，意向投资人特别是产业投资人，极可能提出一些非常规事项的问题，主要是围绕着债务人后续经营方面内容，包括但不限于债务人财产的特殊情况、后续运营职工安置问题、后续运营税费问题等，这些内容大部分超越了法律专业，需要管理人通过其他知识进行补充调查和了解。

本项目作为房地产开发企业破产案件，管理人在招募意向投资人时，也遇到过以下非常见问题。例如，原施工单位不配合续建，管理人如何开展续建工作，原施工项目如何确定工程款和工程价量，如何确保其工程质量及后续工程如何区分工程质量责任？续建工程是否存在隐蔽工程未完工或存在现有建筑规范调整情形，管理人是否能办妥竣工备案？项目尾盘确权办证后，能否拆分处置，是否有拆分依据？项目尾盘能否招募包销方，包销方的条件和监管如何设定？对于项目尾盘存货销售过程中的税费如何缴纳，由谁承担，是否能正常开具发票？假设包销情形下，超过包销定价的售房款如何分担税费？房地产开发企业尾盘存货售卖时，是否面临企业所得税汇算清缴情形，如果汇算清缴所应缴税费超过包销价款，如何处置等非常见问题。

综上，意向投资人招募和洽谈工作中，管理人应当尽可能了解全部债务人财产和负债信息，并尽可能了解债务人行业特点，结合市场反馈和趋势，充分与意向投资人沟通，务求提高其投资意愿，从而能让债务人财产保值或增值，符合债权人利益最大化原则。

第三篇　共益债投资和项目续建确权

如前文所述，本案件在府院联动机制协助和我们团队根据经验预判下，2020年完成接管工作，我们团队一直秉持"保交楼、稳民生"的思路实施推进工作。本项目接管时的政策并没有共益债的提法，项目本身有接管到现金并不需要对外借款，因此，本案件并没有共益债投资。2022年7月28日召开中共中央政治局会议，会议的核心内容为：强调因城施策用足用好政策工具箱，支持刚性和改善性住房需求，压实地方政府责任，"保交楼、稳民生"。2022年8月，住房和城乡建设部、财政部、人民银行等部门相关措施出台，其核心内容为：（1）完善政策工具箱，通过政策性银行专项借款方式支持已售、逾期、难交付住宅项目建设交付。（2）专项借款聚焦"保交楼、稳民生"，严格限定用于已售、逾期、难交付的住宅项目建设交付，实行封闭运行、专款专用。随着政策的发布，我们团队在房地产开发企业破产案件中遇见需要共益债投资的案件迅猛增多，所以，本文将我们团队对共益债投资的理解分享给大家：

一、共益债的法律依据

1. 《企业破产法》第四十二条：人民法院受理破产申请后发生的下列债务，为共益债务：

（一）因管理人或者债务人请求对方当事人履行双方均未履行完毕的合同所产生的债务；

（二）债务人财产受无因管理所产生的债务；

（三）因债务人不当得利所产生的债务；

（四）为债务人继续营业而应支付的劳动报酬和社会保险费用以及由此产生的其他债务；

（五）管理人或者相关人员执行职务致人损害所产生的债务；

（六）债务人财产致人损害所产生的债务。

2.《最高人民法院关于适用〈中华人民共和国企业破产法〉若干问题的规定（三）》第二条规定，破产申请受理后，经债权人会议决议通过，或者第一次债权人会议召开前经人民法院许可，管理人或者自行管理的债务人可以为债务人继续营业而借款。提供借款的债权人主张参照《企业破产法》第四十二条第四项的规定优先于普通破产债权清偿的，人民法院应予支持，但其主张优先于此前已就债务人特定财产享有担保的债权清偿的，人民法院不予支持。

管理人或者自行管理的债务人可以为前述借款设定抵押担保，抵押物在破产申请受理前已为其他债权人设定抵押的，债权人主张按照《民法典》第四百一十四条规定的顺序清偿，人民法院应予支持。

根据以上法律规定，经债权人会议审议表决通过的为债务人继续营业而借的款项属于共益债，管理人应严格依照上述法律规定履职。共益债的法律依据，为房地产开发企业的债务人恢复经营和续建确权奠定了基础。

二、共益债的受偿顺位

根据《最高人民法院关于商品房消费者权利保护问题的批复》的规定，房地产开发企业破产案件中，各类债权的清偿顺位一般为：商品房消费者物权期待权>建设工程价款优先受偿权>担保债权>破产费用≥共益债务>职工债权>税款债权（不包含滞纳金）>其他普通债权。

共益债的受偿顺位，位于商品房消费者物权期待权、建设工程价款优先受偿权、担保债权和破产费用之后，即时表示，共益投资人在考虑投资前，应当对投资项目的资产，顺位在先的各类债权金额进行详细的尽职调查，需考虑共益债投资实施后，后续资产的变现价值是否足以覆盖顺位在先的债权总额，否则，共益债投资可能面临无法清偿的困境。但实务中，债务人的资产和负债现状常常碰到具有共益债投资意愿的投资人在尽职调查后，担心其共益债投资无法退出而放弃投资，导致困境项目持续深陷停工局面，不利于案件的推进，项目也难以盘活。

因此，为了更好地促进市场的良性发展，实现"保交楼"，共益债投资人在投资前应当由管理人协助与各顺位在先的债权人充分协商，在取得顺位在先债权人的书面同意后，"超级优先权"方可产生法律效力。

三、共益债应注意事项

结合法律规定和共益债投资人的担忧，本着共益债投资本质上是一种各方共同合意的投资行为，管理人在促成共益债投资时应注意以下事项：

1. 梳理债务人资产（多为烂尾工程）的具体细节，以确权为目的的倒推且全面排查所需投资款、续建费用和确权费用等；对于可能存在超过预算的项目，需提高预算，以实现最终交楼为目的。

2. 提前与续建方沟通，就续建项目的内容和包干价格协商一致；若原总施工方不同意续建的，应在府院联动机制下提前作好预案。

3. 排除项目续建的障碍，例如，恢复施工的各种许可文件、相邻权属人的规划协调、已施工项目的建筑规范调整。

4. 明确顺位在先各债权的金额，特别是商品房消费者物权期待权，需梳理具体的房号和面积，以便统计债务人后续可变价的财产。

5. 与投资人明确共益债投资总额、利息、支付期限、资金监管方式，违约责任和投资款退出方式等投资条款，逻辑化考虑可能出现的各种情形，并通过协议条款为后续实施共益债投资提供依据。

6. 特别需要注意的是，若投资款为分期支付的，且出现因不可抗力或无法预计因素导致共益债投资无法继续投资情形的，应明确约定共益债的受偿顺位、受偿方式。

7. 因债务人财产变价行为直接影响变价款总额，故应当与投资人明确财产变价的方式，包括但不限于：集中或单独拆分拍卖、包销和以物抵债等。

8. 与项目当地主管税务部门充分沟通，明确债务人财产变价过程中所涉税费，以及税费的分担责任。

虽然根据《企业破产法》第七十五条第二款规定："在重整期间，债务人或者管理人为继续营业而借款的，可以为该借款设定担保。"因此共益债投资人可要求为本次共益债提供抵押担保，但实务中，房地产开发企业并不一定进入重整程序，并且没有其他财产可供设定担保，故一般较难实现设定担保。

四、保交楼的项目续建

需要说明的是，项目续建涉及的基本都是建筑专业知识，非管理人作为法律人员擅长的领域。本项目中，我们团队因为不擅长建筑专业知识，仅财产管理方案向债权人会议就提交了四稿，有点"头痛治头、脚痛医脚"的味道。团队在处理续建项目时，搜索了好多这方面的同行经验，其中最系统的当属《珠海市自然资源局关于印发〈珠海市"烂尾楼"整治处理办法〉的通知》一文，该文给我们团队在其他案件续建工程中很多启发。

建筑工程错综复杂，本项目因当时错误判断，导致我们团队认为剩余工程不多，管理人通过与原施工方谈判续建，即可完成竣工备案，而没有招募代建方。在此特别提醒的是，管理人在续建项目上，尽量采用代建或信托+代建方式，由管理人负责监管代建资金，这样就可以更好更快速地完成续建工作，提高案件效率。而本项目中，我们团队在聘用债务人原工程人员的基础上，按以下内容进行续建，走了不少弯路，在这将经验和教训分享给大家：

1. 首先梳理项目现状和接管到的工程资料。

团队查找了对于工程资料管理的规定，对于项目工程文件和资料进行分类：

（1）A类工程准备阶段文件。包括决策立项文件、建设用地文件、勘察设计文件、招投标及合同文件、开工文件、商务文件、其他资料。

（2）B类监理资料。包括监理管理资料、进度控制资料、质量控制资料、造价控制资料、合同管理资料、单位（子单位）竣工验收资料，其他资料等。

（3）C类施工资料。包括施工管理资料、施工技术资料、进度造价资料、施工物资资料、施工记录、施工实验记录及检测报告、施工质量验收记录、竣工验收资料、其他资料等。

2. 与原施工单位、监理单位谈判，了解其续建意愿和续建要求。

管理人团队在续建前和提交财产管理方案前，应当开展法律尽调，发现问题，研究之前的建筑历程并规避在续建可能的风险。项目烂尾的原因多样，管理人应提前排查相关的风险点，并尽可能在续建谈判过程中关注续建约定内容。特别是关于项目施工安全、责任事故、完工日期等，这些有可能涉及财产变价时间和共益债投资事项。

另外，续建协议的金额建议约定为包干价，规避建筑材料上涨的市场风险和遗漏工程的额外增量工程价款。

3. 结合债权申报材料和原有合同文件，查明未完工程额和工程进度款，避免重复支付工程款的重大风险。

4. 对于尚未施工的非主体项目工程，采用比价招投标的方式选取续建施工单位。

5. 管理人负责监督施工进度和施工安全，比对监理单位意见提出整改。

6. 关于续建工程的结算，建议最后一笔工程进度款或工程质量保证金，在竣工备案后或确权办证后再行支付。

本项目续建完毕后，通过府院联动机制，我们团队掌握的经验是根据住建部门对项目竣工备案的要求和不动产登记部门对确权办证所需材料，倒推完成续建，这样可避免遗漏续建事项、施工次序颠倒，减少不必要的费用和时间。

另外，项目续建中涉及各种工程上的风险，管理人应当预见并做好应对预案。我们团队碰到的情形有以下几种：

情形（1）：已完成施工的部分建筑尚未结构验收和竣工验收，该部分建筑质量如何保证，续建方非原施工方且不愿意承担质量责任时如何处理？

预案：建议先协调各方，共同委托第三方质量安全鉴定机构进行鉴定检测，确认其工程质量和施工量，作为依据确认原工程价款和区分质量安全责任。

情形（2）：本项目部分建筑（原规划为幼儿园，现施工为销售中心）未按报建图纸施工，如何处理？

预案：建议先征询当地住建部门意见，是否可以整改。若整改费用过高，则建议征询债权人意见，特别是担保债权人意见，按原状拍卖，由买受人自行处理。

情形（3）：部分隐蔽工程未进行施工或施工材料无法找到，如何办理竣工验收？

预案：大多数中小型房地产开发项目，由于建设方和施工方管理不规范，常常出现该种情形，建议提前报告府院专班小组，就该类历史遗留问题，通过府院联动机制妥善解决。

情形（4）：已建成的房屋因年久失修且未交付，房屋质量未达到购房合同约定交付条件的情形。

预案：建议管理人首先进行排查，根据原施工合同与原施工方进行协商，是否由原施工方为保障工程质量进行维护，或者管理人安排共益债或现有债务人财产，委托第三方进行修缮。

情形（5）：消防工程未完成或未验收，原有施工规范已调整。

预案：项目停工时间过长，且消防设计规范、施工标准和验收条件已多次更新，现有状况通过整改无法满足消防验收时，建议通过府院联动机制，组织第三方具备资质的消防鉴定机构，重新评估鉴定并出具报告，若报告显示项目满足基本消防功能要求的，可向消防部门申请专项验收。

情形（6）：关于原施工工程和续建工程，施工方对于建设质量保修期的履约期限存在不同理解。

预案：建议管理人先查找原施工合同约定的保质期内容，并根据《建设工程质量管理条例》有关保质期的规定，与原施工方和续建方进行协商谈判；协商不成的，可提起司法确认。

综上，续建工程的风险较多，建议管理人尽可能通过债权人会议授权由代建方进行续建，这样可以在工期，施工安全、结算、竣工等事项减少风险；若无法代建的，则应当在府院联动机制下寻求当地部门的协助，尽可能更好、更快地完成续建。

五、续建工程的招投标

房地产开发企业破产案件中，为推进工作，不管是代建还是部分工程续建，往往需要进行招投标工作，方能体现破产程序的公正、公平、公开。管理人在招投标活动中，应严格遵循该原则，每个环节都要务求公正、公开。

一般流程为：（1）梳理代建或续建的内容；（2）草拟招标公告内容并发布（可在招投标网站、全国企业破产重整案件信息网站和债权人群发布）；（3）收取投标文件并登记；（4）开标书并将开标过程记录留痕；（5）选取中标单位和备选单位并予以公示；（6）与中标单位协商具体内容并签订合同。

若债权人会议表决通过的财产管理方案对招投标有具体要求的，管理人应当按方案内容严格执行，并将履职过程和结果报告债权人会议、债权人委员会和人民法院。

六、续建确权工作的难点和解决方案

房地产开发企业破产案件常涉及烂尾楼项目，部分项目停工时间过长，原施工方不同意续建或者提出新的主张，管理人如何续建、竣工验收、确权办证成为破产程序中管理人所面临的最大难题之一。我们团队几乎每个房产案件都会碰到该类难题，特别是广州地区的案件，房屋性质各种各样，出现的问题也更多更复杂。这里根据我们团队办理相关案件的实务经验，对于续建项目竣工备案和确权的难点及解决方案进行分享，希望给大家一些参考。

1. 现行建筑规范验收标准与原施工时不同，项目现状无法通过验收

房地产开发企业因其经营和管理问题，停工续建再停工为常见现象，而由于建设项目施工期限太长，相关的验收规范也不断变化。本项目也是停工了三年多后进入破产程序。管理人在接管尽调后，发现建设项目现状无法满足现行验收规范的要求，而整改或者拆除将花费大额的破产费用或共益债务，影响债权人受偿和案件效率，这是管理人在房地产开发企业破产案件中碰到的较大问题。

建议方案：通过府院联动机制，住建部门根据项目现状进行调研，从竣工备案倒推，指定需要整改的施工事项。管理人通过债权人会议，形成财产管理方案，从而对项目整改施工。无法整改的施工事项，尽可能通过第三方资质机构鉴定设计，提供最合理的替代方案，或者通过专班小组进行民主决策解决该类历史遗留问题。

2. 原建设项目的五方主体不同意配合验收

按规范要求，建设工程竣工验收备案，需要向住建部门提交竣工备案表，该表格需要建设单位、施工单位、勘探单位、设计单位和监理单位五方主体出具意见并加盖公章。然而，实务中，除建设单位的其他主体，常常因为建设单位拖欠款项而不同意出具意见盖章。特别是勘探和设计单位，按照《企业破产法》的规定，建设单位拖欠的款项应当为普通债权，故两方主体不愿意配合的意愿更强烈。

建议方案：管理人尽量与各方主体保持良好沟通和释法，务求其支持破产公平，体现企业的社会责任。必要时，可汇报专班小组，加强与各方主体的沟通。管理人也可以根据事实情况，有依据、有尺度地通过继续履行合同或者债权人会议决议解决问题，以便保证案件效率。

3. 长期停工导致的建设质量问题

项目停工后因无人管理，房屋常出现质量问题。而施工单位认为质量问题的原因不是其施工造成的，而是建设单位不当使用造成的，拒绝维护。例如，本项目中绝大多数房屋出现墙体大面积空鼓现象，维护后才符合交楼标准。

建议方案：管理人查清情况后，委托第三方资质进行质量鉴定，确定责任主体后，提交债权人会议财产管理方案予以施工维护。

4. 宗地与房屋不一致无法确权和房屋实测面积与预售面积相差较大问题

本项目中，我们团队也碰到了这两类情形。由于历史原因，原宗地被多次切割，剩余项目小区楼房部分土地是其他地块的位置，现行规范要求宗地与房屋面积一致，否则无法确权；而在原规划报建中的房屋单户面积，因施工调整和安全原因，在未报备情形下私自施工，导致实测面积与预售面积不一致情形出现。

建议方案：在这两种情形下，我们团队基于公平原则，坚持遵循债权人意思自治原则，提交了财产管理方案，对上述情形予以调整，确保房屋确权，达到"保交楼"条件。

本项目中，我们团队还花费了很大的工作量去完成地下室的消防工程验收。烂尾项目状况万千，这里不再赘述。希望团队和其他管理人能总结经验，在此续案件续建确权上多了解一下建筑方面的知识和管理人履职的合理流程。

第四篇　结案报告和注销工作

善始善终，结案报告和债务人注销工作是管理人执行职务的最后一道工序，管理人理应站好最后一班岗。起初，我们团队某些成员对该工作不以为意，认为案件关键是债权人受偿以及受偿率比例，结案报告（包括但不限于破产财产分配报告）和注销工作仅是程序要求，专业技术性不强。但经过团队多次内部交流和会议，逐渐达成共识：结案报告和债务人注销，是破产程序终止的里程碑，管理人递交结案报告是法院裁定破产程序终止的前提，债务人注销工作是企业退出市场的法定要件。这将直接影响地区甚至全国的营商环境指标，体现我国良好的法律制度，为全国经济保驾护航，也是吸引外资、提高经济增长的重要因素。

另外，结案报告亦是管理人自我检测的文件，通过草拟的内容，发现案件遗留问题，及时总结案件经验，为提高管理人执业能力的重要工作。我们团队在草拟结案报告时，一般均会采用各经办人员分段书写，由各经办人员在团队成员会议上介绍经验教训，大家共同讨论的模式。这种模式，不仅增强了团队成员的普遍执业能力，亦增强了团队的凝聚力和协调性。

一、结案报告的重要内容

1. 分配方案的执行情况

管理人依法将债务人财产变价后，应当依据债权人会议通过的财产分配方案清偿债权。管理人应当将清偿的过程、金额和方式详细报告受理人民法院，以便法院监督管理人是否严格执行财产分配方案和执行的最终结果。

因诉讼未决、附条件债权或债权人原因未能及时清偿的，需要说明提存的情况，管理人应详细说明其金额和后续处理的依据以及法律后果。

2. 未能处理财产的原因、现状和处置方案

破产案件并非需要处理完债务人全部财产、变价清偿完毕才能结案，《企业破产法》并没有这个限制规定。而根据《企业破产法》第一百二十三条规定，破产程序终结后可追加分配。实务中，分配方案经债权人会议表决通过且法院裁定后，按分配方案清偿债权的，都可向法院申请结案，不会因部分财产暂时无法处置影响结案时间。

破产案件中，常见的未能处理财产，往往是因历史遗留问题存在权利瑕疵的土地和房屋，债务人与第三人共有的知识产权，还有短期无法追偿的应收账款等。管理人应当在结案报告中，详细列明未能处理财产以及具体原因，说明后续处置的预案及其对应的法律依据。

除了上述重要内容，个案当中还会有其他重要事项，在此不一一列举。建议

管理人在结案报告中充分详细列明履职经过和情况，接受债权人会议和人民法院的监督。本案件的结案报告详见本文附件内容。

二、债务人注销工作

根据《企业破产法》第一百二十一条规定：管理人应当自破产程序终结之日起十日内，持人民法院终结破产程序的裁定，向破产人的原登记机关办理注销登记。实务中，除有未完事务仍需处理且经人民法院同意延期注销的，管理人应当依法在法定期限内办理债务人企业注销工作。注销工作一般为以下内容：

1. 工商注销

管理人持相关破产文件可到工商行政机关办理债务人企业注销。一般注销须提交以下文件：（1）公司清算组织负责人签署的注销登记申请书；（2）公司法定代表人签署的公司注销登记申请书；（3）法院破产裁定、行政机关责令关闭的文件或公司依照《公司法》作出的决议或者决定；（4）股东会或者有关机关确认的清算报告；（5）税务部门出具的完税证明；（6）银行出具的账户注销证明；（7）《企业法人营业执照》正、副本；（8）法律、行政法规规定应当提交的其他文件；等等。但实务中，经常因为债务人管理原因，管理人未接管到上述文件资料，导致无法办理注销工作。2016年12月26日，工商总局（现国家市场监督管理总局）发布《关于全面推进企业简易注销登记改革的指导意见》，对部分企业，在一定条件下，由其自主选择适用一般注销程序或简易注销程序。自2017年3月1日起在全国范围内全面施行。简易注销仅需提交以下文件：（1）申请书；（2）指定代表或者共同委托代理人授权委托书；（3）全体投资人承诺书（强制清算终结的企业提交法院终结强制清算程序的裁定，破产程序终结的企业提交法院终结破产程序的裁定）；（4）营业执照正、副本。

2021年，国务院多部门联合发文《关于推动和保障管理人在破产程序中依法履职进一步优化营商环境的意见》，再次对于企业注销提出改进规定：（二）进一步落实破产企业简易注销制度。管理人可以凭企业注销登记申请书、人民法院终结破产程序裁定书申请办理破产企业注销，市场监管部门不额外设置简易注销条件。申请简易注销的破产企业营业执照遗失的，通过国家企业信用信息公示系统免费发布营业执照作废声明或在报纸刊登遗失公告后，破产企业或管理人可不再补领营业执照。

实务中，我们团队在经办破产案件时，广州地区明确工商注销和税务注销不分先后，可同时办理，并且提供了网络申请等多种便民措施。

2. 税务注销

《税收征收管理法实施细则》第十五条规定，破产企业应当向原税务登记机关申报办理注销税务登记。我们团队十几年前经办案件，常会因为未提交完税证明而无法办理税务注销，因税务未注销而无法办理企业注销。所以，建议管理人及时向所属税务机关沟通了解，明确注销所需文件材料。

近几年，国家越发重视营商环境指标，税务注销也变得更便民。《关于推动和保障管理人在破产程序中依法履职进一步优化营商环境的意见》中规定：（十三）便利税务注销。经人民法院裁定宣告破产的企业，管理人持人民法院终结破产清算程序裁定书申请税务注销的，税务部门即时出具清税文书，按照有关规定核销"死欠"，不得违反规定要求额外提供证明文件，或以税款未获全部清偿为由拒绝办理。因此，现行办理税务注销，仅需法院出具的终结裁定书和管理人身份资料即可。广东地区还可线上提交税务注销申请。

3. 银行注销

《人民币银行结算账户管理办法》第四十九条规定，有下列情形之一的，存款人应向开户银行提出撤销银行结算账户的申请：

（一）被撤并、解散、宣告破产或关闭的。

（二）注销、被吊销营业执照的。

（三）因迁址需要变更开户银行的。

（四）其他原因需要撤销银行结算账户的。

存款人有本条第一、二项情形的，应于 5 个工作日内向开户银行提出撤销银行结算账户的申请。

管理人在法院出具终结程序裁定后，应当及时办理银行账户注销，这也是规定的履职内容。个别管理人团队并未进行该项工作，在某地区就曾发生债务人银行账户未及时注销被不法分子盗用于非法活动的案例。

公司银行账户分为基本户和一般户，多数地区要求先注销一般户方能注销基本户。但这项工作是比较烦琐的，债务人企业在经营过程中，往往开设过数十个银行账户，给管理人工作增添了不少工作量。因此，建议由人民银行统筹，单一申请即可完成债务人全部银行账户的注销，这也是提升当地营商环境指标的重要亮点工作。

附件：

关于提请人民法院裁定终结肇庆市甲投资公司
破产程序的报告【初稿】

（2020）甲破管字第×××号

肇庆市鼎湖区人民法院：

2020年2月19日，肇庆市鼎湖区人民法院（以下简称"鼎湖法院"）作出（2020）粤1203破申1-1号生效民事裁定，裁定受理肇庆市乙房地产公司、肇庆市丙混凝土公司对肇庆市甲投资公司（以下简称"甲投资公司""债务人"或"破产人"）的破产清算申清。2020年8月3日，鼎湖法院作出（2020）粤1203破1号《决定书》，依法指定广东金桥百信律师事务所担任肇庆市甲投资公司管理人（以下简称"管理人"），负责人为刘某根，全面负责该公司破产清算事务。

一、破产人基本情况

（一）目前工商登记情况

企业名称：肇庆市甲投资公司。

统一社会信用代码：×××××××××。

法定代表人：尹某元。

企业类型：其他有限责任公司。

成立日期：2012年8月2日。

注册和实缴资本：1000万元人民币。

登记机关：肇庆市鼎湖区市场监督管理局。

注册地址：肇庆市鼎湖区某地。

经营范围：项目投资、投资管理及咨询服务（国家法律、行政法规禁止的除外，需要另报审批的，取得批准后方可经营）；房地产开发与经营，自我物业管理、租赁；市政工程投资、承包与施工（依法须经批准的项目，经相关部门批准后方可开展经营活动）。

（二）企业目前经营状况

国家企业信用信息公示系统显示，甲投资公司的工商登记状态为在营（开业）企业。管理人在 2020 年 8 月接管后，发现甲投资公司除正常维护保管安全工作外，已实际停止经营。

（三）对外投资、分支机构

管理人经查询国家企业信用信息公示系统以及查阅甲投资公司的工商档案，暂未发现甲投资公司有分支机构或对外投资的情况。

（四）股权出质情况

管理人从肇庆市鼎湖区市场监督管理局调取的甲投资公司工商档案资料显示，2014 年 6 月 9 日，甲投资公司向肇庆市鼎湖区市场监督管理局提交股权出质设立登记申请书，记载股东海口市某公司将其持有的甲投资公司 22% 的股权出质给中铝某公司。2014 年 6 月 13 日，甲投资公司向肇庆市鼎湖区市场监督管理局提交股权出质设立登记申请书，记载股东四会市某公司将其持有的甲投资公司 100 万元的股权出质给深圳市某公司。

二、案件进度基本情况

2020 年 2 月 19 日，鼎湖法院裁定受理肇庆市乙房地产公司、肇庆市丰丙混凝土公司对甲投资公司的破产清算申清，并于同年 8 月 3 日指定管理人。

2020 年 10 月 13 日，肇庆市甲投资公司破产清算案第一次债权人会议在鼎湖法院的主持下，通过钉钉平台以网络方式召开，管理人将编制的债权表提交债权人及债务人核查、核对，以及提请债权人会议审议：财产管理方案、确定评估、审计机构的方案、聘请留守工作人员的方案、设立债权人委员会的方案、非现场债权人会议召开规则、案件转入重整程序的可行性分析报告共 6 项事项，债权人会议表决通过前述 6 项事项。

2020 年 11 月 30 日，肇庆市甲投资公司破产清算案第二次债权人会议在债权人会议主席某冶集团有限公司的主持下，通过钉钉平台以网络方式召开，管理人将编制的债权表提交债权人及债务人核查、核对，以及提请债权人会议审议：聘请留守工作人员方案的报告、债权人委员会成员的报告、房屋续建和确权办证具体实施管理方案的报告共 3 项事项，债权人会议表决通过前述 3 项事项。

2022 年 6 月 30 日，鼎湖法院根据管理人的申请，认为甲投资公司不能清偿到期债务，且资产不能清偿全部债务，宣告甲投资公司破产。

2022 年 7 月 7 日，肇庆市甲投资公司破产清算案第三次债权人会议在债权人会议主席某冶集团有限公司的主持下，通过钉钉平台以网络方式召开，管理人将编制的债权表提交债权人及债务人核查、核对，向债权人会议作执行职务的工作报告，以及提请债权人会议审议：财产管理补充方案、破产财产变价方案、破产财产分配方案共 3 项事项。其中，债权人会议表决通过财产管理补充方案、破产财产变价方案，表决不通过破产财产分配方案。

2022 年 10 月 23 日，肇庆市甲投资公司破产清算案第四次债权人会议通过钉钉平台以书面方式召开，管理人公示了《待定债权表五》，以及提请债权人会议审议《肇庆市甲投资公司破产财产预分配方案》。债权人会议表决不通过该方案。

2022 年 11 月 13 日，肇庆市甲投资公司破产清算案第五次债权人会议通过钉钉平台以书面方式召开，管理人提请债权人会议对《肇庆市甲投资公司破产财产预分配方案》进行二次表决。债权人会议表决不通过该方案。

2023 年 6 月 20 日，肇庆市甲投资公司破产清算案第六次债权人会议在鼎湖法院的主持下，通过钉钉平台以网络方式召开，管理人向债权人会议做执行职务的工作报告，将编制的债权表提交债权人及债务人核查、核对，以及提请债权人会议审议：财产管理（停车场等财产）补充方案的报告、破产财产变价补充方案的报告、破产财产分配方案的报告、个别清偿债权催收方案的报告共 4 项事项，债权人会议表决通过前述 4 项事项。

2023 年 8 月 30 日，鼎湖法院作出民事裁定书，裁定认可《肇庆市甲投资公司破产财产分配方案》。

2023 年 12 月 5 日，鼎湖法院作出民事裁定书，裁定确认谢某莲等职工工资和某冶集团有限公司等债权人的债权共 916186210.12 元。

2023 年 12 月 28 日，管理人执行破产财产分配方案，首次分配总额为120610851.48 元。

三、管理人执行职务的工作报告

管理人自接受指定后完成了执行职务准备、接管公司、接受债权申报、制作债权表、调查甲投资公司的财产状况等一系列工作。

（一）执行职务准备工作

1. 组建团队

自接受鼎湖法院指定后，管理人负责人立即安排工作人员组成专门工作团队，管理人团队的主办人员以及辅助人员共 12 人，由刘某根律师担任负责人，由董硕律师、薛源斌律师、陈华玲律师、罗林律师、易丽萍律师、揭利律师、陈文婷律师、丁涵璐律师、黄小燕律师、周贵鑫律师、黎永聪律师助理等组成工作小组开展管理人的工作。工作小组通过召开会议明确内部责任及人员分工，并制订具体的工作计划。

2. 管理人内部规章制度的建立情况

管理人根据《企业破产法》等相关规定，制定了《管理人工作规程》《管理人会议议事规则》《管理人财务管理制度》《管理人证照和印章管理制度》《管理人工作档案管理办法》《管理人工作保密制度》，根据本案的实际情况制订了管理人工作计划，并在破产清算期间严格遵照执行。在管理人开展工作过程中，定期向鼎湖法院报告破产工作的进展情况，接受鼎湖法院的监督，确保破产工作的顺利进行。

3. 刻制印章和开立账户

管理人于 2020 年 8 月 10 日持鼎湖法院出具的刻章函刻制"肇庆市甲投资公司管理人"公章及财务专用章各一枚；同年 9 月 1 日，开立管理人银行账户，公章及银行账户并已报肇庆市鼎湖区人民法院备案。后因案件需要，2022 年 9 月，管理人在中国银行股份有限公司肇庆鼎湖支行设立管理人账户，账户账号为：×××××××。

（二）接管

1. 接管时间：2020 年 8 月 13 日。

2. 分组接管情况：管理人共指派 12 名管理人工作成员及相关辅助人员，组成总负责人组、行政组、财产组、涉诉组、债权组共五组成员，按照《肇庆市甲投资公司破产清算案接管工作方案》分别依法、有序进行接管工作。

3. 财产接管状况：

（1）印章类

管理人接管到甲投资公司公章、合同专用章、财务专用章、法定代表人尹某元私章、工程部章、营销部章、收款专用章、发票专用章（44120305074047X、9144120305074047X4），共 9 枚。

（2）证照类

管理人接管到甲投资公司营业执照 1 套（正副本）、机构信用代码证、建设用地规划许可证、不动产权证、土地使用证、建设工程规划许可证等证照资料，并对前述证照资料管理人逐一进行清点，已转移至管理人的办公室，并安排专人保管。

（3）财务类

管理人接管到甲投资公司 2012 年至 2019 年的账册共 30 本，2012 年 9 月至 2020 年的会计凭证共 176 本。据甲投资公司的财务人员介绍，以上为甲投资公司自成立以来的全部账册和会计凭证，无欠缺或遗漏；另外，财务室的电脑内有甲投资公司的电子账册，以上资料和电子数据均可提供给审计机构进行清产核资审计使用。前述账册和会计凭证暂封存于原甲投资公司资料存放处（财务室和 VIP 室）。

（4）资产类

根据移交人的陈述，甲投资公司名下的资产主要为某山水城项目，管理人在甲投资公司工程部留守人员的带领下，实地察看了甲投资公司开发的某山水城项目，分别查看了销售中心、2 栋—9 栋以及地下空间，并同时告知留守人员注意财产消防、安保等安全问题。

管理人清点了甲投资公司的固定资产，固定资产主要为办公设备，台式组装电脑 10 台、打印机 4 台，目前由留守人员合理办公使用；

（5）合同、文书等其他资料类

管理人接管到甲投资公司通讯录 1 份、2020 年 4—8 月社保分险种申报汇总表及社保申报个人明细表 10 份、职工应付工资明细表 1 份、18 位职工的劳动合同资料、2017—2020 年的商业保险合同 5 份、2018 年财产保险资料 1 套。其中，18 位职工的劳动合同资料、2017—2020 年的商业保险合同 5 份、2018 年财产保险资料 1 套已就地封存。同时也接管了甲投资公司的国有建设用地使用权出让合同、不动产测绘成果报告书、商品房面积实测报告书、测量验线证明、竣工验收备案表、商品房预售许可证、建筑工程施工许可证、相关销售合同、383 份涉诉案件资料等重要资料，已经进行初步清点并就地封存。

4. 接管说明

（1）管理人就以上接管的财产制作相关《接管清单》，由移交人与接收人签字确认。

（2）因甲投资公司的财务资料、人事资料和文书资料很多，不宜搬动另找地方存放，故管理人将前述文件资料清点后，将印章、证照转移至管理人的办公室，并安排专人保管；其余资料文书等暂封存在甲投资公司财务室、档案室内，并贴上管理人封条进行标识。

（三）债权申报及审查

1. 债权申报

截至本报告出具之日，管理人共受理债权申报 752 笔，债权申报总额为 1592532966.67 元，其中购房债权 680 笔，债权申报金额为 243195195.07 元；非购房债权 72 笔，债权申报金额为 1349337771.60 元。

经管理人调查确认的职工债权共 24 笔，债权额（包括普通债权部分）合计为 10659898.14 元。

2. 债权审核

截至本报告出具之日，本案经管理人审核确认以及经诉讼确认的债权总额合计 945285465.19 元，分别为：职工债权 8692970.44 元、税款债权 1095764.30 元、有财产担保债权 84194563.46 元、工程价款优先债权 136720856.95 元、购房人债权 218713067.15 元、非购房人普通债权 337275915.84 元；劣后债权 158592327.05 元。

另外，本案有 3 笔补充申报的待定债权，申报金额为 6293377.47 元，目前管理人已完成该 3 笔债权的审查，后续将编制成债权表提交债权人会议核查。

3. 债权确认

截至本报告出具之日，本案经鼎湖法院裁定确认无异议债权共 590 笔，确认债权总额为 916186210.10 元。包括：职工债权 8692970.44 元、职工普通债权 1966927.70 元、担保债权 84194563.46 元，建设工程价款优先债权 136720856.95

元，税款债权 1095764.30 元，非购房人普通债权 334688883.79 元，劣后债权 158592327.05 元、购房人债权 190233916.41 元。

（四）甲投资公司的财产状况

1. 现金及银行存款情况

根据甲投资公司移交的银行账户资料，管理人前往甲投资公司的基本户中国农业银行肇庆鼎湖分行，利用中国人民银行的系统查询到甲投资公司名下共开立 24 个银行账户，其中 11 个账户状态为已注销，13 个账户的状态为正常或久悬户。账户余额共计 18015.56 元。

2. 车辆

经查，甲投资公司名下并无机动车登记信息。

3. 其他固定资产

根据管理人接管的情况，甲投资公司的其他固定资产主要有台式组装电脑 10 台、打印机 4 台等办公设备。

4. 不动产

经查，甲投资公司的不动产登记情况如下：

（1）房屋建筑物：某山水星御一期 2#—9#、14-1#共 894 套，总面积 85256.93 平方米，其中住宅 829 套，非住宅 65 套，目前已无查封记录。

（2）土地使用权：共 5 宗，均无查封记录，具体如下：

序号	坐落	产权证号	用途	面积（平方米）	抵押情况
1	肇庆市鼎湖区新城十二区（西二区）	粤（2017）肇庆鼎湖不动产权第0003683号	城镇住宅用地；零售商业用地	3724.87	无
2	鼎湖区新城西二区	肇鼎国用（2015）第0080207号	城镇住宅用地	4290.22	无
3	鼎湖区新城西二区	肇鼎国用（2015）第0080206号	城镇住宅用地	17964.15	抵押权人：中国建设银行股份有限公司肇庆市分行

续表

序号	坐落	产权证号	用途	面积（平方米）	抵押情况
4	鼎湖区新城西二区	肇鼎国用（2014）第0080027号	城镇住宅用地；商务金融用地	6812.55	无
5	鼎湖区新城西二区	肇鼎国用（2014）第0080028号	城镇住宅用地；商务金融用地	10585.94	无

特别说明：上述序号2、4、5的三宗土地，因办理不动产初始登记需要，已合并为一宗土地，合并后土地使用权证号为：粤（2021）肇庆鼎湖不动产权第0007361号。

（3）车位

管理人自甲投资公司处接管的资料显示，甲投资公司建设汽车位848个，摩托车位238个，均未办理竣工验收。

5. 对外投资及其他权利性资产

（1）对外投资：经查，甲投资公司不存在分支机构、对外投资的情形。

（2）无形资产：经管理人通过各管理机关或其网站查询，暂未发现甲投资公司存在著作权、商标、专利等无形资产。

6. 对外债权及清收情况

管理人根据甲投资公司提供的应收债权清册以及管理人对相关债权的核实情况，已完成以下债权的清收：

（1）执行款

对于人民法院强制执行甲投资公司过程中获得的执行款且暂未进行分配的，管理人根据《企业破产法》第二十五条、第三十条及其他相关法律法规，请求人民法院将执行款划转至管理人账户。截至本报告出具之日，管理人账户共收到鼎湖法院退回的执行款194600元，收到肇庆市中级人民法院退回的执行款80012122.43元。

（2）保证金

根据甲投资公司的应收债权清册记载，甲投资公司对肇庆市鼎湖区农村信用合作联社享有一笔200万元的风险保证金债权。管理人经核实后，在保证金退还条件成就时，及时向住建部门申请退还。2023年7月20日，将该风险保证金200万元退还至管理人账户。

（3）个别清偿债权催收

审计机构出具的《肇庆市甲投资公司2020年2月19日资产清查审计报告》（报告文号：肇中鹏鼎专审字〔2021〕001号，以下简称《审计报告》）显示：在人民法院受理甲投资公司破产清算一案前六个月内，甲投资公司存在对共计16名债权人进行个别清偿的情形。就前述个别清偿债权的催收，管理人制订了个别清偿债权催收方案，提交第六次债权人会议审议表决，该方案经债权人会议表决通过。

后管理人共提起三起撤销个别清偿纠纷的诉讼中，经人民法院审理后判决支持撤销个别清偿的案件为两起，目前案件正在执行中，管理人暂未收到执行款。

（五）有关甲投资公司的民事诉讼和仲裁情况

1. 管理人接受指定前，甲投资公司未审结的涉诉案件共计11件，其中10件是商品房预售合同纠纷，1件是企业借贷纠纷。依据《企业破产法》第二十条之规定，在管理人接管债务人的财产后，该诉讼继续进行，就前述案件，管理人已依职责代表债务人参加诉讼及其他法律程序。截至本报告出具之日，前述案件已全部出具生效判决。

2. 管理人接受指定后，本案共涉及诉讼案件17件，其中民间借贷纠纷1件，破产债权确认纠纷13件，撤销个别清偿纠纷3件。管理人参加庭审活动、陈述意见、提交证据材料。截至本报告出具之日，前述案件已全部出具生效判决。

（六）破产费用

1. 管理人执行职务期间产生的破产费用

本管理人接受指定后，接管了甲投资公司的财产，依法履行了相应职责。经管理人核实，自鼎湖法院裁定受理甲投资公司破产清算之日起至2023年6月1日，共产生破产费用39790349.69元，具体如下表：

序号	费用类型	金额（元）
1	聘用留守人员职工的工资	2721204.16
2	债务人日常办公、水电支出	352546.57
3	管理债务人财产，续建、确权支出	36221660.90
4	审计费用	219800.00
5	评估费用	180000.00
6	管理人执行职务费用	95138.06
	合计：	39790349.69

2. 破产案件受理费

根据《诉讼费用交纳办法》第十四条规定："申请费分别按照下列标准交纳……（六）破产案件依据破产财产总额计算，按照财产案件受理费标准减半交纳，但是，最高不超过 30 万元。"

根据《破产财产分配方案》记载，结合评估报告以及审计报告，甲投资公司的破产财产总额（约）653718440.37 元，首次分配，清偿债权的财产价值总额为 120610851.48 元。因此，根据《诉讼费用交纳办法》第十四条规定确定破产案件受理费为 300000 元。2024 年 4 月 12 日，管理人已根据鼎湖法院出具的缴款书缴纳该笔款项。

3. 管理人报酬

根据《最高人民法院关于审理企业破产案件确定管理人报酬的规定》第二条第一、二款规定，人民法院应以债务人最终清偿的财产价值总额扣除担保权人优先受偿的担保物价值后的数额为基数，在相应比例限制范围内分段确定管理人报酬。首次分配，清偿债权的财产价值总额为 120610851.48 元，故根据前述报酬规定，提取管理人报酬 5026115 元。2023 年 12 月 28 日，管理人依法从管理人账户中提取了该笔报酬。

4. 预留破产费用

首次分配，本案预留后续的破产费用 10000000 元，主要用于继续完成某山水星御的维修和整改、已售资产的交付及确权办证工作、未售资产的变价、追收财产产生的费用，以及应预缴的诉讼受理费、聘用人员管理破产财产及配合管理人完成破产清算工作、破产程序终结后企业注销和档案保管费用。

以上费用以实际产生的金额为准。

管理人完成上述工作后，若破产费用有剩余，或破产财产经变价获得变价款的，管理人将追加分配给本案债权人。

（七）财产管理工作

管理人在接管甲投资公司后，经调查发现，甲投资公司开发的某山水星御一期2#—9#、14-1#共建设房屋894套，其中住宅829套，非住宅65套。其中5#、6#、7#、8#、9#、14-1#已竣工验收，2#、3#、4#未竣工验收；另外，甲投资公司建设汽车位848个，摩托车位238个，均未办理竣工验收。

为实现甲投资公司财产价值最大化，管理人制定了《房屋续建和确权办证具体实施管理方案的报告》，提交第二次债权人会议表决，对未竣工验收的工程，运用现有资金进行续建，以达到确权办证条件；对于已竣工验收的工程，则整理确权相关资料达到确权办证条件，有利于资产增值和流通性。该方案经债权人会议表决通过，管理人依法推进不动产的续建和确权工作。

2021年8月19日，管理人完成某山水星御5、6、7、8、9、14-1栋楼宇的商品房初始登记，2022年6月1日，管理人完成某山水星御2、3、4栋楼宇的商品房初始登记。在取得商品房初始登记后，管理人逐步推进将商品房交付和过户至购房债权人，以及未售住宅、商铺的变价工作。

截至本报告出具之日，某山水星御项目未完成确权工作的工程为地下室车位，因地下室车位需进行整改，故暂未完成竣工验收以及确权工作。

（八）破产财产变价工作

自2022年9月起，管理人依据经债权人会议表决通过的《破产财产变价方案》，依法变价甲投资公司名下的资产。经整体拍卖三次流拍后，管理人将本公司名下资产拆分的方式进行拍卖。截至本报告出具之日，以下资产拍卖成交：

1. 粤（2017）肇庆鼎湖不动产权第0003683号土地使用权，经公开拍卖于2023年9月15日成交，成交金额为12324660元；

2. 商品房合计7套，经公开拍卖于2022年12月成交，成交总价款为3466561.98元；

3. 商品房合计309套，经公开拍卖后流拍，鼎湖法院于2023年12月5日裁定以流拍价 93999122.64 元抵偿某冶集团有限公司的建设工程价款优先债权；

4. 商品房合计 10 套，经公开拍卖于 2024 年 4 月 28 日拍卖成交，成交总价款为 4652066.56 元；

5. 商品房合计 11 套，经公开拍卖于 2024 年 5 月 12 日成交，成交总价款为 3840817.15 元；

6. 商铺 6 套，经公开拍卖于 2024 年 7 月成交，成交总价款为 1633598.92 元。

（九）破产财产分配工作

2023 年 6 月 20 日，管理人制订《肇庆市甲投资公司破产财产分配方案》（以下简称《破产财产分配方案》）提交债权人会议审议表决，方案主要内容为：

1. 甲投资公司可供分配的破产财产为管理人账户中属于甲投资公司的破产财产的款项 107238163.40 元（暂计至 2023 年 5 月 31 日）元，以及待变价土地使用权两宗，已建成的住宅、商铺及车位、办公设备及应收账款的变价款。

2. 破产债权的分配

本案在优先清偿破产费用、管理人报酬并预留费用后，将依据《企业破产法》的规定，按以下顺序进行分配：

（1）本案购房债权依照以下顺序清偿：

a. 继续履行合同的购房债权（住宅、商铺）：经鼎湖法院裁定确权办证的购房债权人共三批 536 户。截至本报告出具之日，管理人已协助购房债权人完成住宅和商铺确权办证合计 490 户；

b. 解除合同的购房债权（住宅）合计 76 笔：根据鼎湖法院裁定确认的本案 76 笔债权人主张或诉讼解除合同的购房债权（住宅）中，购房款本金总额为 9282472 元，根据《破产财产分配方案》，购房款本金在清偿条件成就时予以清偿，最终实际清偿总额为 9281823.55 元。已执行分配完毕；

c. 未申报债权但支付部分房款的债权 8 笔，债权人未申报，债权尚未清偿；

d. 购买车位并主张继续履行合同的购房债权：因车位暂未能交付，故暂未清偿；

e. 违约金、利息等其他非购房款本金的部分：属于普通债权，暂未进行分配。

（2）工程价款优先债权：已清偿 111329027.93 元，清偿比例为 81.43%。

（3）职工债权：暂未进行分配。

（4）税款债权：暂未进行分配。

（5）普通债权：暂未进行分配。

（6）劣后债权：暂未进行分配。

2023 年 8 月 30 日，鼎湖法院裁定认可第六次债权人会议表决通过的《破产财产分配方案》，管理人依法执行破产财产分配方案。首次分配，清偿债权的财产价值总额为 120610851.48 元，分别为清偿工程价款优先债权 111329027.93 元（其中 93999122.64 元为甲投资公司名下 309 套商品房的价款，用于抵偿其建设工程价款优先债权），清偿解除合同退购房款本金债权 9281823.55 元，首次分配已执行完毕。

3. 特定财产清偿方案

根据《全国法院破产审判工作会议纪要》第 25 条"对债务人特定财产享有担保权的债权人可以随时向管理人主张就该特定财产变价处置行使优先受偿权，管理人应及时变价处置"的规定，本案对特定财产享有担保权的债权共两笔：

（1）债权人广东某资产管理有限公司的债权，由于债权人享有优先受偿权的抵押土地已变价，经人民法院判决确认债权人享有担保债权金额 41613445.74 元。2023 年 6 月 15 日，管理人根据债权人的申请以及人民法院的决定，清偿该笔担保债权。

（2）债权人某银行股份有限公司肇庆市分行的债权，经人民法院裁定确认的担保债权为 42581117.72 元，由于担保物尚未变价完成，管理人将在担保物完成变价后，依法优先清偿其担保债权。

（十）未完结工作

截至本报告出具之日，本案正在开展且未完结的工作主要如下：

（1）部分住宅、商铺未变价

根据《破产财产变价方案》，第三批待变价资产为债权人未能如期支付购房尾款导致合同无法继续履行的不动产或公告期届满仍未申报债权的不动产。截至本报告出具之日，目前仍未申报债权涉及的住宅共 8 套，管理人近期将予以公告，通知债权人尽快申报债权，若公告期限届满债权人仍不申报的，管理人将公开拍卖该批住宅；债权人未能如期支付购房尾款导致合同无法继续履行涉及的住宅、商铺合计38套（具体数量以实际情况为准），管理人将提起诉讼，要求与该部分债权人解除购房合同；合同解除后，管理人将公开拍卖该批住宅和商铺。

（2）一宗土地使用权未变价

甲投资公司名下一宗土地使用权［肇鼎国用（2015）第0080206号］，目前管理人正在拟定拍卖公告，将于近期公开拍卖该宗土地使用权。

（3）地下室停车位（汽车位848个，摩托车位238个，实际数量以产权证记载为准）未确权、未变价。

由于地下车库因历史原因需进行整改，管理人目前已制订整改方案并正在执行中，待整改完成后将申请验收及确权，并将在确权后开展地下室停车位的财产变价工作。

（4）办公设备一批未变价

由于留守职工在协助管理人处理破产清算工作过程中仍需使用办公设备，故管理人将在清算工作基本完结后，根据债权人会议表决通过的《破产财产变价方案》进行变价处置。

（5）应收账款最终金额未确定且未变价

根据《审计报告》，甲投资公司存在应收账款以及其他应收款净值合计84622380.83元，其中大部分为购房户购房款。由于本案购房债权人存在解除合同的情形，且地下室停车位最终数量和实际交付数量未明确，因此，应收账款净值将根据实际情况产生相应的变动。其他应收款净值161701947.90元，其中有两笔较大额的应收款为抵押担保债权，合计146992812.95元。经查，前述两笔应收款是甲投资公司提供其名下土地为第三人的债务作抵押担保，甲投资公司清偿后可向第三人追偿。

因此，待应收账款最终金额确定后，管理人将根据债权人会议表决通过的《破产财产变价方案》进行变价处置。

（十一）申请终结肇庆市甲投资公司破产程序

本案中，管理人依法推进破产清算程序后，已完成破产财产的变价、首次分配工作，目前破产人无破产财产可供分配，故管理人依照《企业破产法》第一百二十条"破产人无财产可供分配的，管理人应当请求人民法院裁定终结破产程序"之规定，请求人民法院裁定终结破产程序。

破产程序终结后，债权人仍有权根据《企业破产法》第一百二十三条规定，自破产程序依法终结之日起二年内，发现破产人有应当供分配的其他财产的，可以请求人民法院按照破产财产分配方案进行追加分配。

以上为关于提请人民法院裁定终结甲投资公司破产程序的报告。

此致

肇庆市鼎湖区人民法院

肇庆市甲投资公司公司管理人

负责人：刘某根

二〇二四年六月一日

后　记

　　本书完成时，本案件已进入尾声，分配方案通过后已基本执行完毕。但案件经办过程中，本项目资产的处置耗费了不短的时间。案件办理历时三年，虽过程艰辛，但团队在会议讨论并反思案件经办过程时，仍觉得亮点不少。首先是运用继续履行购房合同的法律规定，保障了购房人利益。案件从 2020 年开始经办，团队预判了案件可能结果，2021 年就保障了购房债权人利益，给小业主发放了产权证；2022 年国家为应对市场提出了"稳民生、保交楼"的房地产政策；2023 年 1 月出台的法释 1 号文，亦给团队更大信心。其次是破产清算程序下完成烂尾楼盘的续建工作。虽然管理人作为法律专业人员，缺乏建筑方面知识，但团队仍不怕艰辛，努力学习，在一年多的时间内即完成了续建工作。最后是财产变价工作。团队曾在 2022 年汇报肇庆市中级人民法院的工作报告中，分析并建议：基于市场变化因素和购房人对破产企业房屋的理解程度，在案件不具备重整条件下，根据相关规定，管理人处置债务人财产的方式有限。采用包销方式，市场主体不愿意承担风险难以实施；管理人直接营销，因房屋定价和营销团队能力无法实施；采用公开拍卖方式，购房人往往观望，多次流拍，价格减损，不利于债权受偿，而且剩余尾盘无法卖出，导致结案时间过长；采用服务信托方式，尚未有具体经营主体愿意介入该类服务，存在有市场资金无经营管理团队的困境。本案件与其他房地产企业破产案件一样，面临着该类债务人财产变价处置问题。建议：由地方国资和银行、保险机构，以及各市场主体，发起设立不动产投资信托基金 REITS，制定行业合规文件，对类似破产财产进行有偿信托服务，保障债权合法及时受偿，维护房地产市场稳定，同时加快房地产企业破产案件的办案时限，有利于提高地区营商环境。随后，国家于 2023 年多次出台政策支持设立不动产投资信托基金 REITS，并于 2024 年发行了 3000 亿的债券用于国有企业收购烂尾项目。直至笔者发稿时，各地调整购房政策，包括所有一线城市全面调整放宽购房政策。本案件经办过程中的这些难点和处理方式，契合了国家房地产政策调整，极大地增强了团队经办房地产企业破产案件的信心。

当然，案件能顺利完结，与通过府院联动机制，得到肇庆地区法院和政府的大力支持密不可分。特别是鼎湖区人民法院对案件的指导和监督，令我们团队能顺利完成债权审查并保障购房债权人利益；当地住建部门和不动产登记部门的绿色通道，让管理人在克服历史障碍前提下加快完成确权办证；政法委部门的主动作为，让管理人与债权人充分释法、减少信访，有利于社会稳定。在此，我代表我们团队，表示深深的感谢和赞赏。

另外，案件的顺利结案，亦基于团队成员的敬业、专业操守和刻苦耐劳精神。本书的主要内容亦基本来源于团队在办理案件时起草的各种文书和搜集的各种材料，特此特别感谢以下团队成员：

董硕（业务指导组别负责人，主要负责整个程序的业务指导、案例分析和法律研究）、薛源斌（负责接管工作），还有黄小燕、闫亚凯、周贵鑫、刘浩扬、王川川、丁涵璐、黎永聪等成员，特别感谢李海晨（肇庆分所）和水晓东（云浮分所）的协同配合支持。

本案件的经验，让我们团队在后续接受指定的其他房地产开发企业破产案件时，信心百倍。之后，团队加强了与房地产法律部门、建设工程部门的联合执业，亦为团队对房地产案件的预判经办提供了更多解决方式。因此，特将团队经办本案件的经验，汇总成本书，希望本书能给破产同行提供些许帮助，给予启发。

最后，感谢阅读！

图书在版编目（CIP）数据

破产办案手记 / 广东金桥百信律师事务所编著；刘浩根著. -- 北京：中国法治出版社，2025. 9. -- ISBN 978-7-5216-5500-1

Ⅰ. D922.291.925

中国国家版本馆 CIP 数据核字第 20251BG494 号

责任编辑：刘冰清 　　　　　　　　　　　　　　　封面设计：李　宁

破产办案手记
POCHAN BAN'AN SHOUJI

编著/广东金桥百信律师事务所
著者/刘浩根
经销/新华书店
印刷/河北鑫兆源印刷有限公司
开本/710 毫米×1000 毫米　16 开　　　　　　印张/ 12.5　字数/ 160 千
版次/2025 年 9 月第 1 版　　　　　　　　　　2025 年 9 月第 1 次印刷

中国法治出版社出版
书号 ISBN 978-7-5216-5500-1 　　　　　　　　　　　　　　定价：49.80 元

北京市西城区西便门西里甲 16 号西便门办公区
邮政编码：100053 　　　　　　　　　　　　　　传真：010-63141600
网址：http：//www.zgfzs.com 　　　　　　　　　编辑部电话：**010-63141837**
市场营销部电话：010-63141612 　　　　　　　印务部电话：**010-63141606**

（如有印装质量问题，请与本社印务部联系。）